700
750
800
850
900

Atlas der melancholischen Orte

IMPRESSUM

Die Originalausgabe ist 2017 erschienen unter dem Titel "Sad Topographies" bei Simon & Schuster UK Ltd, 1st Floor, 222 Gray's Inn Road, London WC1X 8HB, www.simonandschuster.co.uk

Deutsche Erstausgabe
© 2021 GRÄFE UND UNZER VERLAG GmbH,
Postfach 860366, 81630 München

MERIAN

MERIAN ist eine eingetragene Marke der GRÄFE UND UNZER VERLAG GmbH

ISBN 978-3-8342-3302-8
1. Auflage 2021

Autor: Damien Rudd
Illustrationen: Kateryna Didyk
Artdirektion und Design: N. Taylor

Übersetzung: Gerlinde Schermer-Rauwolf und Heide Horn, Kollektiv Druck-Reif

Redaktion und Projektmanagement: Wilhelm Klemm
Lektorat: Martin Waller • Werkstatt München GbR
Satz: Werkstatt München GbR
Schlusskorrektur: Karen Dengler • Werkstatt München GbR
Umschlaggestaltung: Birgit Kohlhaas Buchgestaltung, Egling
Herstellung: Renate Hutt

Bei Interesse an maßgeschneiderten B2B-Produkten:
roswitha.riedel@graefe-und-unzer.de

Leserservice
GRÄFE UND UNZER Verlag
Grillparzerstraße 12
81675 München
www.graefe-und-unzer.de

Umwelthinweis
Nachhaltigkeit ist uns sehr wichtig. Der Rohstoff Papier ist in der Buchproduktion hierfür von entscheidender Bedeutung. Daher ist dieses Buch auf FSC-zertifiziertem Papier gedruckt. FSC garantiert, dass ökologische, soziale und ökonomische Aspekte in der Verarbeitungskette unabhängig überwacht werden und lückenlos nachvollziehbar sind.

GRÄFE UND UNZER

Ein Unternehmen der
GANSKE VERLAGSGRUPPE

DAMIEN RUDD

Mit Illustrationen von Katheryna Didyk

Atlas der melancholischen Orte

Aus dem Englischen von Gerlinde Schermer-Rauwolf und Heide Horn

Eine Reise um die Welt vom Mount Hopeless bis ins Harzer Elend

... gebt Ihr Euch in blinder Unterwerfung
Pfadlosen Fluten, ungeträumten Küsten,
Gewissem Elend hülf- und ratlos hin ...

WILLIAM SHAKESPEARE
Das Wintermärchen

melancholisch

Adjektiv [melaŋˈkoːlɪʃ]

a) von Melancholie befallen; niedergedrückt

b) Melancholie hervorrufend; Düsternis ausstrahlend

Synonyme: schwermütig,
trübsinnig, trübselig, wehmütig,
elegisch, trist, traurig,
freudlos, betrübt, bedrückt,
bekümmert, unfroh, gedrückt,
niedergeschlagen, depressiv,
deprimiert, hypochondrisch
düster, trostlos;
schweiz.: hintersinnig, wehselig;
ugs.: down, geknickt, blue

8 Einführung

17 Deception Island (Insel der Täuschung), Antarktis
23 End of the World (Ende der Welt), Kalifornien, USA
29 Sorrow Islands (Kummerinseln), British Columbia, Kanada
35 Road to Nowhere (Straße nach Nirgendwo), Iqaluit, Kanada
41 Mount Hopeless (Berg der verlorenen Hoffnung), South Australia, Australien
47 Nothing (Nichts), Arizona, USA
52 Kartografie des Raums
71 Little Hope Island (Wenig-Hoffnung-Eiland), Nova Scotia, Kanada
77 Einsamkeit, Karasee, Russland
83 World's End (Ende der Welt), London, England
89 Isle of the Dead (Toteninsel), Tasmanien, Australien
96 Atlas der Melancholie
115 Doom Town (Stadt des Untergangs), Nevada, USA
123 Apocalypse Peaks (Gipfel der Apokalypse), Antarktis
131 Inexpressible Island (Unsägliche Insel), Antarktis
137 Lonelyville (Einsame Stadt), New York, USA
143 Utopia, Ohio, USA
149 Cape Grim (Kap Trostlos), Tasmanien, Australien
155 Massacre Island (Massakerinsel), Ontario, Kanada
161 Elend, Sachsen-Anhalt, Deutschland
166 Erinnerung an die Namenlosen
185 No Place (Kein-Ort), Durham, England
189 Disappointment Island (Insel der Enttäuschung), Aucklandinseln, Neuseeland
195 Aokigahara (Selbstmordwald), Japan
201 Puerto del Hambre / Port Famine (Hungerhafen), Patagonien, Chile
207 Darkness Lake (See der Finsternis), Ontario, Kanada
213 Kuolema (Tod), Finland

218 Verzeichnis weiterer melancholischer Orte
222 Über den Autor
224 Danksagung

Einführung

„Ich verabscheue Reisen und Forschungsreisende." Mit diesem Satz beginnt Claude Lévi-Strauss seine 1955 in Frankreich erschienene und 1970 ins Deutsche übersetzte Reisebeschreibung *Traurige Tropen*. Trocken erklärt er gleich auf der ersten Seite zudem seine Verachtung für Reisebücher: „... in all diesen Jahren habe ich oft den Plan gefaßt, dieses Buch zu schreiben; aber jedes Mal hat mich ein Gefühl der Scham und des Überdrusses davon abgehalten."

Mitte 2015 stieß ich zufällig auf Mount Hopeless. Nicht auf die geologische Formation, sondern auf den Namen, auf einer Landkarte von Südaustralien: zwei mikroskopisch kleine Wörter, eingezwängt zwischen Höhenlinien. Mich faszinierte die wundervolle Absurdität dieser kleinen Entdeckung – warum, so überlegte ich, gibt es mitten im Nirgendwo einen Berg namens Mount Hopeless? Bei Google Maps gab ich andere deprimierende Wörter ein und brachte damit im Schein meines allwissenden Computerbildschirms eine längst vergangene Geschichte meines Landes ans Licht: Melancholy Waterhole (Wasserloch der Melancholie), Disappointment Bay (Bucht der Enttäuschung), Misery Island (Elendsinsel), Starvation Creek (Hungertodbach), Suicide Point (Selbstmordort). Die ganze Zeit hatte ich, um es mit Lévi-Strauss zu sagen, zwischen den „... Überresten einer verschwundenen Realität" gelebt. Nach einigen Monaten hatte ich den Grundstock zu einer Sammlung gelegt, einer Art traurigem kartografischem Kuriositätenkabinett.

Gerade Landkarten lassen uns die Einheit von Landschaft und Sprache erkennen. Sie sind nie eine objektive Darstellung der Welt, sondern eine geistige Schöpfung, und spiegeln die Kultur und die Erfahrungen des Kartografen sowie Zeit und Ort ihrer Entstehung wider. Landkarten sind Dokumente, Artefakte, Führer, Autoritäten, Geschichten.

1606 waren Kapitän Willem Janszoon und seine holländische Mannschaft mit dem Schiff *Duyfken* unterwegs, um Handelsmöglichkeiten in Südostasien zu erkunden und die Küste von Neuguinea zu kartieren. Durch Zufall stießen sie dabei auf den unbekannten Kontinent Australien. In dem Glauben, es handle sich um einen Teil Neuguineas, wurden sie die ersten Europäer, die – unbeabsichtigt – Fuß auf dieses bisher unentdeckte Land setzten. Janszoon fand einen Ort vor, „… bewohnt von Wilden, grausamen, schwarzen Barbaren, die einige unserer Leute töteten", und konstatierte: „… weder konnten wir die genaue Position des Landes feststellen, noch, welche Rohstoffe vorhanden oder begehrt waren." Schockiert von den undurchschaubaren Menschen und ihrer Gleichgültigkeit dem Handel gegenüber beendeten Janszoon und seine Männer ihre Vermessungsmission und hinterließen ein blutiges Schlachtfeld mit toten Seeleuten und Ureinwohnern. Auf seiner Karte gab Janszoon dem Ort den Namen Kap Keerweer – Kap der Umkehr.

Janszoons Zusammenstoß mit den Ureinwohnern ist typisch für die Fahrten, die Europäer während des sogenannten Zeitalters der Entdeckungen vom 15. bis zum 18. Jahrhundert unternahmen. Sollten wir je angenommen haben, diese Entdecker seien vor allem von rechtschaffener Wissbegier getrieben gewesen, vom bloßen Drang, ferne Länder im Namen wohlwollender Regierungen zu erforschen, so belehrt uns die Geschichte eines Besseren.

Zum Verdruss der Europäer war Australien keine *terra nullius,* kein leerer, unbesiedelter Fleck auf der Landkarte. Die Aborigine-Namen, die dank mündlicher Überlieferung an die 50.000 Jahre überdauert hatten, waren untrennbar mit dem Land verbunden und dienten nicht nur dazu, die Topografie zu benennen, sondern erzählten Schöpfungsmythen. Denn die Aborigines orientierten sich mithilfe einer spirituellen Landkarte, den Songlines (Traumpfaden). Wurden die Schöpfungsmythen in der richtigen Reihenfolge gesungen, erlaubte dies den Menschen, weite Strecken über Land zurückzulegen. Nach der Ankunft der Europäer gingen viele Gesänge und Namen verloren, Orte wurden umbenannt und spiegelten nun eine andere Geschichte wider: die der territorialen Eroberung und Kolonialisierung. Die Landschaft erzählte jetzt nicht mehr von mythischen Urzeitwesen und Ahnengeistern, sondern von Forschern, Geologen, Königen und anderen Berühmtheiten.

Ich habe gelernt, dass die Ortsnamenkunde als Toponomastik oder Toponymie bezeichnet wird und ein Teilgebiet der Onomatologie ist, der Namenkunde, die sich allgemein mit der Bedeutung, Herkunft und Verbreitung von Eigennamen beschäftigt. Toponyme fungieren als Identifizierungsmerkmale und Landmarken, das galt vor allem in der Zeit des Kolonialismus. Viele der traurigen Toponyme in diesem Buch stammen aus dem Zeitalter der Entdeckungen. Diese Fahrten waren keine romantische Abenteuer, sondern hatten das Ziel, Länder zu erobern, deren natürliche Ressourcen zu plündern, Königreiche und Imperien zu erweitern und angeblich unkultivierte, wilde Menschen auszubeuten und zu christianisieren. Es ist kein Zufall, dass ein Großteil dieser Orte in ehemaligen Kolonien zu finden ist: in Nord- und Südamerika, Kanada, Australien, Neuseeland. Die Traurigkeit, die Lévi-Strauss in den Tropen vorfindet, ist das

Vermächtnis der im Zeitalter der Entdeckungen angerichteten Zerstörungen. Lévi-Strauss wurde Zeuge der Trauer untergegangener Zivilisationen, einer sterbenden Welt voller postkolonialer Melancholie der unterworfenen Völker.

Die ersten Namenforscher waren Geschichtenerzähler, die versuchten, die vergessenen Ursprünge von Ortsnamen zu ergründen, indem sie Geschichte, Mythos und Fantasie miteinander verwoben. Eine Landschaft kann zu uns sprechen, man kann in ihr lesen wie in einem Buch. In diesem Sinne fungieren Ortsnamen als eine Art Index; jede Ortsbezeichnung ist der Titel einer Geschichte, die in die Landschaft eingeschrieben ist. „Aus dem Namen lässt sich ersehen, wie hier ein Mensch hoffte und kämpfte", schreibt der amerikanische Autor George R. Stewart 1967 in *Names on the Land,* „wie dort ein anderer träumte oder starb oder sein Glück suchte und wieder ein anderer sich einen Jux machte, einen alten Namen verdrehte, um einen neuen zu erschaffen … Namen waren eng mit dem Land selbst und den Geschicken der Menschen verbunden."

Hinter jedem Ortsnamen steht eine Geschichte, und im Fall der melancholischen Orte ist dies ein tragisches Ereignis. Oft jedoch ist die Erinnerung daran verblasst und nur der Name geblieben, ein Echo aus vergangenen Zeiten, ein verwitterter Wegweiser, der auf einen überwucherten Pfad zeigt. In diesem Buch habe ich versucht, diesen Pfaden zu folgen. Sie winden, gabeln und verästeln sich, führen zu Dickichten, in denen man die Orientierung verliert und man kaum noch Geschichte von Mythologie, Fakt von Fiktion und Erinnerung von Erfindung trennen kann. Und so schildert dieses Buch auch eine Reise mit unvorhergesehenen Umwegen, die zu seltsamen und obskuren Geschichten führen: zu sowjetischer Science-Fiction und zu

Eremiten, zu einem Atomtestgelände und zu Tod in Hotels, in die unheimliche Atmosphäre von Tankstellen und die Melancholie des Anthropozäns.

Ich habe die Orte in diesem Buch nicht aufgesucht und werde es wahrscheinlich auch nicht tun. Das Buch kann als eine Art Sammlung von Toponymen gelesen werden, aber auch als Reiseführer oder, genauer gesagt, als Anti-Reiseführer; ein Atlas für die Melancholiker unter uns, die einen Überschuss an schwarzer Galle besitzen. Eine Landschaft kann zu uns sprechen, aber umgekehrt können wir durch die Sprache auch eine Landschaft erschaffen. Geschichten sind eine Form von Reisen in der Fantasie, ein Weg, die Landschaft der Seele zu durchqueren. Lévi-Strauss versucht in seinem Reisebuch, den Leser zu überzeugen, nicht zu reisen, und sinniert über die „Zeit der wahren Reisen … als sich in all seiner Pracht ein Schauspiel darbot, das noch nicht verdorben, verseucht und verflucht war …" Mit der Verzweiflung eines Misanthropen schreibt er: „Was uns die Reisen in erster Linie zeigen, ist der Schmutz, mit dem wir das Antlitz der Menschheit besudelt haben." Und stellt dem Leser die Frage: „… was kann die angebliche Flucht einer Reise da anderes bedeuten, als uns mit den unglücklichsten Formen unserer historischen Existenz zu konfrontieren?"

Als Strafe für ein Duell wird der französische Schriftsteller Xavier de Maistre im Jahr 1790 zu 42 Tagen Hausarrest verurteilt. Eingeschlossen in ein Zimmer, das er mit 36 Schritten durchmessen kann, versucht de Maistre der Langeweile zu entkommen, indem er ein Reisebuch mit dem Titel *Die Reise um mein Zimmer* schreibt. Er verbringt seine Tage damit, den winzigen Raum zu durchqueren, als wäre er ein gewaltiger Kontinent, erforscht seine Nischen und Ecken, als wären sie eine grenzenlose Wildnis, studiert die Möbel mit dem Blick eines Anthropologen und sieht aus dem Fenster wie ein Zugreisender in einem fremden Land. Diese Form des Reisens und Erforschens empfiehlt er jedem, aber vor allem den Armen, den Kranken und den Trägen, da sie sowohl erschwinglich als auch allen zugänglich sei. Seine Fantasie trägt ihn über die Wände seines Zimmers hinaus. Es ist eine Reise, die er mit größtem Forschungseifer antritt.

De Maistre demonstriert, dass wir durch Geschichten die Topografie der Welt erforschen und durchqueren können, ohne die Bequemlichkeit unseres Zimmers verlassen zu müssen. „Auch verfolge ich, wenn ich in meinem Zimmer reise", schreibt er, „selten eine gerade Linie. Ich gehe von meinem Tisch zu einem Gemälde, das in einer Ecke hängt, von da steuere ich schräg hinüber auf meine Tür los. Treffe ich aber, obgleich ich beim Aufbruch nicht die Absicht hatte, mich dorthin zu bewegen, unterwegs auf meinen Lehnstuhl, so mache ich es mir ohne Umstände sogleich in ihm bequem."

Und so darf ich Sie einladen, es sich zu Hause mit einer Tasse Tee in Ihrem Lehnstuhl bequem zu machen und mich auf eine Entdeckungsreise zu den melancholischsten Orten der Welt zu begleiten.

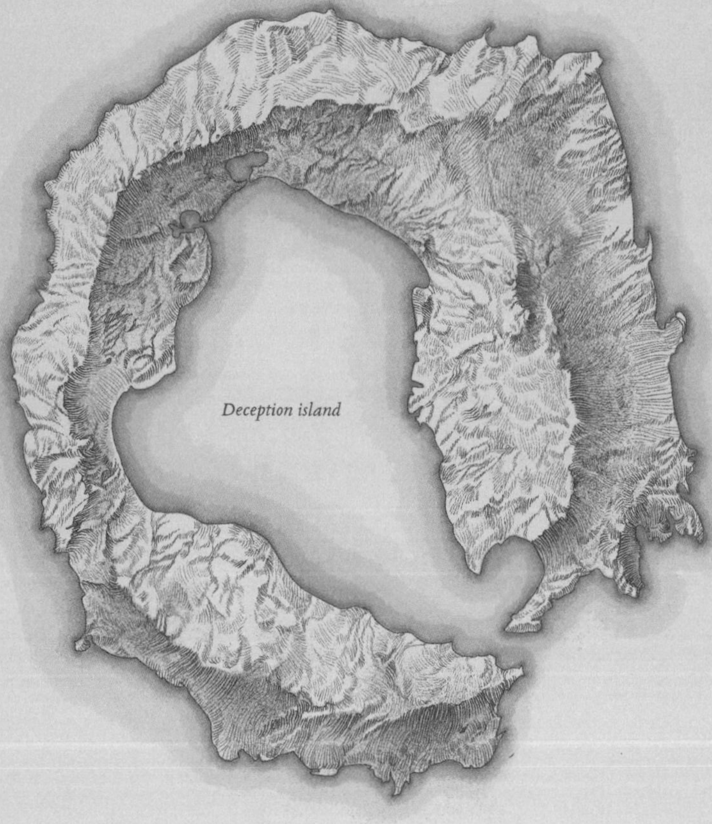

• 62° 58' 37'' S
• 60° 39' 00'' W

Deception Island (Insel der Täuschung), Antarktis

DECEPTION ISLAND IST keine gewöhnliche Insel. Nach sechs Tagen, in denen die antarktischen Stürme immer heftiger wüteten und die Seekrankheit in der Crew um sich griff, schlingerte die *Pourquoi-Pas* schließlich am 22. Dezember 1908 in den dampfenden Kratersee der Vulkaninsel Deception Island. Schwarze Berge umschließen den Hafen wie die Ränge eines zwölf Kilometer durchmessenden Amphitheaters, auf dessen Bühne ein höllisches Schauspiel stattfindet. Walfänger, deren Brennstoff nicht Kohle, sondern tote Pinguine sind, drängen sich in der Bucht wie eine schauerliche Karnevals-Flottille. „Überall schwammen Walkadaver", schrieb Jean-Baptiste Charcot später in seinem Tagebuch *Rund um den Südpol: Die Expedition der »Pourquoi Pas« von 1908–1910*. „Solche, die soeben zerlegt wurden oder deren Zerteilung bevorstand, hingen an den einzelnen Schiffen. Unerträglich, der Geruch!" In der blutgetränkten Whalers Bay ragten zwischen verwesenden Tierkadavern und zerstückelten Gerippen riesige Eisenöfen auf, in deren Kesseln das Fleisch und die Knochen gekocht wurden. Brüllendes, tosendes Feuer erhellte die Insel Tag und Nacht. Unter den schwimmenden Schlachthäusern blubberte und gurgelte der blutige Kratersee, dichter Nebel stieg auf und legte sich wie ein stinkendes Leichentuch auf die Szene. Am Strand verwandelten Alchemisten Fleisch und Speck in Tran und den Tran in eine Handelsware.

Ein gewisser Nathaniel Palmer aus Connecticut, 21 Jahre alt und unterwegs in einer winzigen Schaluppe, hatte 1821 zufällig einen Spalt in der Bergkette der Insel erspäht. Damit hatte er nicht nur einen schlummernden Vulkan, sondern ironischerweise zugleich den sichersten Hafen der Antarktis entdeckt – geschützt vor den brausenden südatlantischen Stürmen und zermalmenden Eisschollen.

Er hatte nicht nach Walen Ausschau gehalten, sondern nach Robben. Südliche Seebären waren in der Antarktis die ersten Tiere, die gejagt wurden – und das auf grausamste Weise. Nachdem man sie entweder totgeschlagen oder aufgespießt und dann gehäutet hatte, verschiffte man ihre gewaschenen Felle in Fässern nach Europa, Nordamerika und China. Da jeden Sommer mehr Jäger auftauchten, gab es einen hitzigen Wettbewerb um neue Jagdgründe. Binnen fünf Sommern war die Seebärenpopulation derart dezimiert, dass die Spezies kurz

Etikett für die Walölseife der Seattle Soap Company.

Margarine gebraucht. Mit Walratöl wurde der empfindliche Mechanismus von Uhren geschmiert, Tran galt auch als Vitaminlieferant, und er war in beiden Weltkriegen unverzichtbar bei der Herstellung von Nitroglyzerin für Sprengstoffe. Doch vor allem wurde Walratöl als Lampenöl genutzt, da es heller und sauberer brannte als Bienenwachs und Talg. Man schöpfte es eimerweise aus den abgetrennten Köpfen der Pottwale. Millionen von Wohnungen, Straßen, Leuchttürmen und Gebäuden in Europa und Nordamerika wurden mittels Walratöl beleuchtet. In der neuen industriellen Welt floss Walöl durch die Lebensadern der Moderne, es ließ die Uhren ticken, Lampen leuchten und Bomben explodieren.

vor der Auslöschung stand. „Als dann die Robben enttäuschten", schrieb ein Kommentator (und gab die Schuld somit nicht den Jägern, sondern den Tieren, weil sie sich nicht rasch genug vermehrten), „sicherten sich unsere Schiffe rasch die Führung in der Walfängerei." In der Antarktis gab es eine riesige Menge von Walen, und die Walfänger fanden einen Weltmarkt vor, der nach deren kostbarem Tran dürstete.

Heutzutage kann man sich kaum noch vorstellen, in welchem Ausmaß die westliche Welt der vergangenen Jahrhunderte vom Tran abhängig war. Tran, aber auch Walrat und Ambra waren nicht nur Inhaltsstoffe von Kosmetika, Maschinenöl und Reinigungsmitteln, sondern wurden auch zur Herstellung von Textilien, Jute, Leder, Linoleum, Seilen, Lacken, Farben, Seife und

Beinahe über Nacht verwandelte sich Deception Island in eine geschäftige Walfangfabrik. Von Mitte des 19. Jahrhunderts an ersetzte jedoch zunehmend Petroleum als bevorzugter Brennstoff den Tran. In den 1920er-Jahren kamen darüber hinaus Walfangschiffe mit eingebauten Gleitrampen in die Antarktis, über die sich die Wale zur Verarbeitung an Deck hieven ließen, sodass geschützte Häfen wie Deception nicht mehr nötig waren. Die schnellere Verarbeitung generierte sehr viel mehr Walöl, was wiederum zu einem übersättigten Markt führte. In der Folge stürzte der Preis ab, woraufhin die weniger profitable Verarbeitung von Walen an Land abrupt endete.

Die Abhängigkeit vom Walöl im 19. und 20. Jahrhundert hat in mehr als einer Hinsicht frappierende Ähnlichkeit damit, wie sich die Welt bis ins 21. Jahrhundert vom Erdöl abhängig gemacht hat. „Der Walfänger war eine Art freibeuternder Bergmann, der mit dem ozeanischen Öl, das er aus der Tiefe holte, den Hochofen der industriellen Revolution genauso anheizte wie ein Kumpel, der in der Erde nach Kohle grub", schreibt Philip Hoare in *Leviathan oder Der Wal*. „Walöl und Walbein waren Produkte für das Maschinenzeitalter ..." 1931 stellte das letzte Walfangunternehmen auf Deception Island den Betrieb ein, was den kommerziellen Walfang auf der Insel endgültig beendete.

Nun lag Deception verlassen da, bis die britische Marine 1941 beschloss, das Eiland für die deutsche Kriegsflotte unattraktiv zu machen, indem sie die verbliebenen Öltanks und andere Anlagen zerstörte. Allerdings ließen sich die Deutschen nicht blicken. Doch Argentinien tauchte im folgenden Jahr auf und hinterließ in einem halbherzigen Versuch, Deception zu seinem Herrschafts-

John William Hill, *Fang eines Pottwals*, 1835.

gebiet zu erklären, ein paar Nationalsymbole und Flaggen. Kurz darauf kehrten die Briten zurück und hissten stattdessen den Union Jack. Auch errichteten britische Wissenschaftler 1944 eine ständige Forschungsstation auf der Insel. 1955 entschied Chile, dass es ebenfalls ein Stück von Deception abhaben wollte, und baute eine eigene Forschungsstation gleich neben die britische. Obwohl nun mehrere Länder gleichzeitig Souveränität über die Insel beanspruchten, gab es überraschend wenig Konflikte – es gibt sogar Berichte von gemeinsamen Treffen zum Tee. Ende der 1960er-Jahre beschloss Deception Island indes selbst, seine unerwünschten Besatzer loszuwerden: Mehrere Vulkanausbrüche zerstörten die Forschungsstationen und begruben alles unter meterhohem Schlamm und Asche.

Heute wird die Insel als besonderes antarktisches Schutzgebiet laut Antarktis-Vertrag verwaltet. Im Sommer wandern mit Kameras bewaffnete Touristen zwischen den teilweise in der schwarzen Vulkanasche versunkenen Trümmern umher. William Hazlitt, der englische Literaturkritiker und Philosoph, schrieb einst: „Leben ist die Kunst, sich gelungen täuschen zu lassen; doch damit diese Täuschung gelingen kann, muss sie einem zur steten Gewohnheit geworden sein."

2007 krachte ein Luxusdampfer bei der Einfahrt in den Kratersee von Deception gegen die Felsen. Achthundert Liter Öl und Treibstoff liefen aus, und wieder einmal färbte sich das Wasser der Bucht – diesmal allerdings nicht rot, sondern schwarz: das Blut der Moderne.

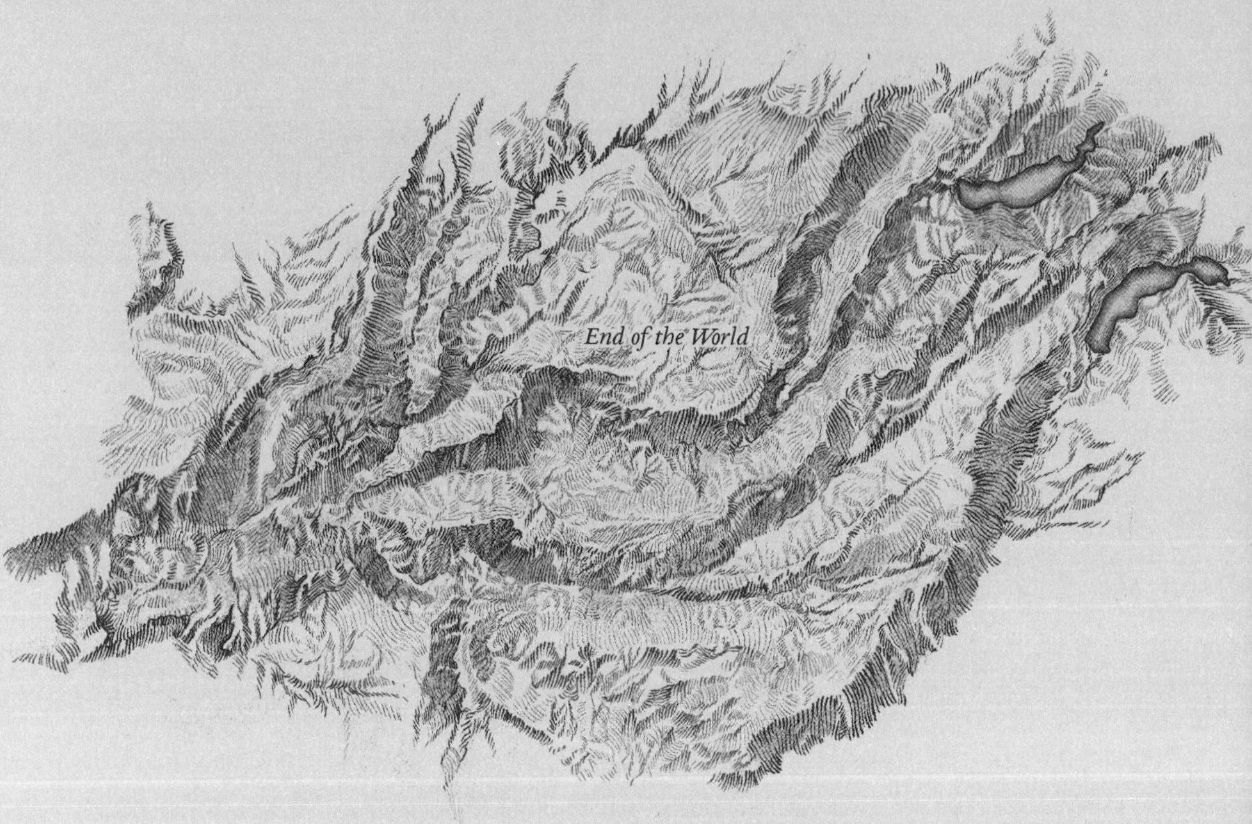

• 36° 34′ 43″ N
• 118° 17′ 31″ W

End of the World (Ende der Welt), Kalifornien, USA

DAS ENDE DER WELT ist erstaunlich schwer zu finden. Weder liegt es in der Arktis oder Antarktis noch in einer alten Maya-Tempelanlage oder im Südpolarmeer, wo Seeleute in rätselhafte Tiefen gezogen werden. Doch im hintersten Winkel der ostkalifornischen Wildnis wird man fündig. In der weiten, unbarmherzigen Landschaft der Sierra Nevada stößt man auf die baufälligen Hinterlassenschaften aus den einst so verheißungsvollen Goldgräbertagen.

Am 24. Januar 1848 entdeckte ein Arbeiter beim Bau eines Sägewerks ein paar glänzende gelbe Klümpchen im Flusssand des American River, der sich in mehreren Armen aus der Sierra Nevada hinunterschlängelt. Er ahnte nicht, dass dies den Lauf der Weltgeschichte ändern sollte. Schon bald bekam der *New York Herald* Wind von seinem Zufallsfund, und fast über Nacht strömten Tausende goldhungriger Abenteurer in die kalifornischen Berge, um dort ihr Glück zu machen.

Sie kamen nicht nur aus Nord- und Südamerika, sondern auch aus dem fernen Europa, aus Australien, Neuseeland und China. „Kalifornien" wurde unauslöschlich zum Synonym für Gold und Reichtum; die kollektive Vorstellung machte es zum gelobten Land, in dem man noch einmal ganz von vorn beginnen kann.

Doch der Traum konnte sich nur für die erfüllen, die schnell genug dort waren. Und es war 1848 nicht einfach, nach Kalifornien zu gelangen. Amerika war ein größtenteils unerforschtes Land ohne Straßen- oder Schienennetz. Von der Ost- an die ferne Westküste zu reisen war ein schwieriges und gefährliches Unterfangen, sofern man nach Monaten überhaupt sein Ziel erreichte.

Paradoxerweise wählten die meisten den Seeweg und segelten um Kap Hoorn herum – eine mühselige Reise, die acht Monate dauerte. Manche versuchten es über Panama, wo sie sich mit Kanus und Maultieren von Ost nach West durch den tropischen Dschungel quälten, um an der Pazifikküste wieder ein Schiff mit Kurs auf San Francisco zu besteigen. Alle diese Routen bargen ihre eigenen tödlichen Gefahren, von großen Katastrophen – Schiffbruch, Typhus, Cholera, Indianerangriffe, Raubüberfälle bewaffneter Banden – bis hin zu trivialeren Missgeschicken, wie etwa unterwegs die Orientierung zu verlieren.

Werbekarte für den Klipper *California*, die Szenen aus dem kalifornischen Goldrausch zeigt.

Wo das Gold aus der Erde geschürft wurde, veränderte sich die Landschaft. Städte und Straßen wuchsen quasi über Nacht. Um die vielen tausend Neuankömmlinge im Goldrausch zu versorgen, entstanden ganze Industrien. Aus der winzigen Hafenstadt San Francisco, in der 1846 kaum 200 Menschen gelebt hatten, entwickelte sich eine boomende Metropole mit bereits 36.000 Einwohnern im Jahr 1852. Das Gold und die Träume, die es weckte, wurden zu jenem alchemistischen Stoff, der Wildnis in Ortschaften und Ortschaften in Städte verwandelte.

Auf der Suche nach dem kostbaren Metall durchstreiften die Goldgräber unbekanntes Gebiet und drangen immer weiter in die kalifornische Wildnis vor. Sie spülten Sand aus den Flussbetten, wühlten sich tief in die Berge und ließen keinen Stein auf dem anderen. Karten gab es nicht – dieser Teil der Welt war *terra incognita.* Und so wurden die Goldschürfer auch zu Entdeckern, die das Land, das sie kolonisierten, aus ihrer Perspektive benannten. Orte wie Last Chance (Letzte Chance), Devil's Peak (Teufelsgipfel), Hell Hole Reservoir (Höllenloch-Stausee), Devil's Gate (Teufelstor) und End of the World (Ende der Welt) spiegeln wider, welchen Härten sich die Schürfer in Kalifornien ausgesetzt sahen. Die Goldsuche war ein gefährliches Glücksspiel, das sich nur selten auszahlte. Auch wenn arme Schlucker manchmal reich wurden – die große Mehrheit der Schürfer verarmte dabei nur noch mehr. Wobei Armut noch die geringste ihrer Sorgen war, denn auch wenn viele Tausende die riskante Reise aus aller Welt überlebt hatten, blieb der Tod ihr ständiger Begleiter. Die Gefahr, durch Steinschlag, Bären, eine Krankheit, Pfeile oder Ertrinken umzukommen, folgte ihnen wie ein hinterhältiger Schatten.

Doch nicht nur die Pechvögel unter den Goldsuchern litten unter dem Goldfieber. Sowohl die Schürfer selbst als auch ihr Tun hatten verheerende Auswirkungen auf die Ureinwohner, die bereits unermessliches Leid von den Spaniern hatten ertragen müssen, die sie mit Krankheiten infiziert und reihenweise umgebracht hatten. Nun wurden sie aus ihren Jagd-, Fisch- und Sammelgründen vertrieben. In einem verzweifelten Versuch, Heim und Familie zu schützen, griffen sie die Goldsucher an, was diesen wiederum als Rechtfertigung diente, ganze Dörfer auszurotten. Peter Burnett, der erste Gouverneur von Kalifornien, verkündete, dass den Indianern zwei Möglichkeiten blieben – vertrieben oder ausgelöscht zu werden. Etwa 4.000 ihrer Kinder wurden als Sklaven an die Siedler verkauft. 1845, also ein Jahr vor Beginn des Goldrauschs, lebten noch schätzungsweise 150.000 Native Americans in Kalifornien. 1870 waren es nur noch 30.000.

In ihrer unersättlichen Gier rissen die Schürfer den Boden auf, unterhöhlten das Land und ließen verbrannte, geschändete Erde zurück. Riesige Wasserwerfer schnitten tiefe Furchen in die Hänge, Flüsse wurden umgeleitet und gestaut, ganze Wälder – darunter tausendjährige Mammutbäume – wurden gefällt, und giftige Abfallprodukte, vor allem Quecksilber, flossen in die Flüsse und Bäche, töteten die Fische und verseuchten das Wasser. Am schlimmsten von allen Tieren erging es wohl dem kalifornischen Grizzlybär. Da es den Goldsuchern an Vergnügungsmöglichkeiten mangelte, fingen sie Bären ein und ließen sie gegen Stiere und andere arglose Kreaturen kämpfen. Nachdem diese Kämpfe langweilig geworden waren, importierten reiche Goldsucher afrikanische Löwen, um neuen Kitzel in die Arenen zu bringen. Knapp 75 Jahre später gab es fast keine kalifornischen Grizzlys mehr, 1922 wurde die Spezies für ausgestorben erklärt.

Und dann endete der kalifornische Goldrausch eines Tages fast so abrupt, wie er begonnen hatte. Tausende jedoch ahnten nichts davon und strömten weiterhin zu den bereits ausgebeuteten Goldfeldern, wo sie feststellen mussten, dass „die glücklichen Tage vorbei“ waren, wie es in einem Song aus dieser Zeit heißt. „Es ist nichts mehr für mich übrig, ich werde mein glückliches, so fernes Zuhause nie, nie wiedersehen.“

Im kalifornischen Sommer erkunden heute Touristen in einer Landschaft, die noch immer von den Narben dieser traumatischen Vergangenheit gezeichnet ist, die Zeugnisse des Goldrauschs: aufgelassene Minen, eingestürzte Gebäude, überwucherte Straßen, verfallende Geisterstädte. Und wo Tausende ermordet, Landschaften zerstört, Flüsse vergiftet und Arten ausgerottet wurden, blicken viele durch eine rosarote Brille auf die fanatische Jagd nach Gold zurück. Dabei brachten diejenigen, die damals als Teil der größten Massenmigration in der nordamerikanischen Geschichte ans Ende der Welt reisten, den Ureinwohnern nichts als Elend und Zerstörung.

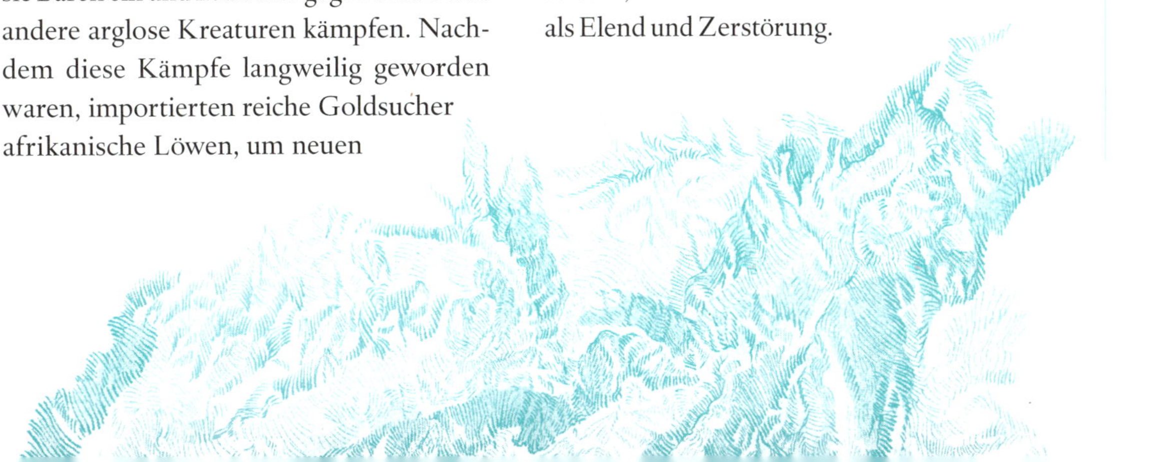

Grief Bay
Is
Sorrow slands
• 51° 24' 52'' N,
• 127° 55' 10'' W

Sorrow Islands (Kummerinseln), British Columbia, Kanada

LONDON, 1854. In der Stadt wütete die Seuche. Seit 1831 schlug sie immer wieder zu, nun traf eine weitere tödliche Welle die verarmte Bevölkerung in verheerendem Ausmaß. Erst ein Jahr zuvor hatte die rätselhafte Krankheit allein in London und Newcastle mehr als 10.000 Menschen dahingerafft. Als sie nun im Spätsommer 1854 erneut in London ausbrach, vor allem in Soho, tötete sie allein in den ersten drei Septembertagen 127 Menschen. Wie bei der Beulenpest 1666 flohen die Leute aufs Land und ließen die notleidende Stadt wie ausgestorben zurück.

Schon seit Menschengedenken war London in eine sich nie auflösende graue Wolke aus giftigen Dämpfen gehüllt, die von Kohlenfeuern, Bierbrauereien, Seifensiedereien und Kalkbrennereien aufstiegen. „Teilweise scheint es giftiger Rauch zu sein", schrieb der Schriftsteller John Ruskin in sein Tagebuch, „und das ist sehr wohl möglich … Doch bloßer Rauch würde nicht derart hin- und herwehen. Eher sind es tote Seelen …"

Eine feste Kruste aus schwarzem Ruß und Dreck überzog die Oberflächen der Stadt wie Seepocken ein Unterwasserschiff. Und die Themse war in der schwülen Sommerhitze zu einer brodelnden Kloake menschlicher und tierischer Fäkalien geworden. Sie stank so unerträglich, dass die Behörden gezwungen waren, eine Mischung aus Chlorkalk und Karbolsäure ins Wasser zu kippen. Doch nicht einmal die üblen Ausdünstungen des Flusses kamen dem unentrinnbaren Geruch von Tod und Verwesung gleich, den die Stadt aus allen Poren zu verströmen schien. Zwangsläufig gab man der faulig stinkenden Luft selbst, die in der kollektiven Vorstellung selbst zu einer verrottenden, bösartigen, die Gestalt wechselnden Kreatur geworden war, die Schuld an der rätselhaften Krankheit. Besonders furchteinflößend war, dass dieses nicht fassbare Wesen manche Menschen heimsuchte und andere unerklärlicherweise verschonte.

Robert Seymour, ein damals in London lebender Künstler, zeichnete für eine Zeitung ein riesiges Skelett, das in ein weißes Laken gehüllt unheilvoll über der düsteren Stadt schwebt und seine langen, knochigen Arme ausstreckt. Da man es nicht bekämpfen konnte, gab man ihm wenigstens einen Namen: Miasma. Man glaubte, dass es bei Einbruch der Dunkelheit erschien und durch die Gassen zog. Wer sich dann noch nach draußen wagte oder es versäumt hatte, sein

Haus gründlich zu versiegeln, konnte seinen Klauen kaum mehr entkommen.

In dieser Stadt lebte Daniel Pender, Vermesser im Dienst der Royal British Navy, mit seiner Frau und zwei kleinen Töchtern. Man weiß nur wenig über ihn, doch als er an Bord der in Falmouth im Dock liegenden *Renard* Dienst tat, erreichte ihn die Nachricht, dass es um die Gesundheit seiner Familie in London schlecht bestellt sei. Sofort eilte er in die Stadt zurück, doch als er am nächsten Tag eintraf, hatte er bereits keine Frau und keine Kinder mehr.

Der ebenfalls in London lebende Arzt John Snow vertrat eine andere Theorie, was die Ursache der mysteriösen Epidemie betraf, die allerdings auf große Skepsis stieß. Am 8. September 1854 schraubte er den Schwengel der städtischen Wasserpumpe in Soho ab, und beinahe sofort kam die Seuche in dem Stadtteil zum Stillstand. Allerdings dauerte es noch etliche Monate, bis der wahre Schuldige zweifelsfrei identifiziert war: Die epidemische Cholera wurde nicht durch die übel riechende Luft übertragen, sondern durch Erreger im Trinkwasser der Stadt.

Der Tod rudert auf der fauligen Themse, umgeben von Miasma.
Illustration in der Zeitschrift *The London Charivari*, 1858.

Für Daniel Pender kam diese Erkenntnis allerdings zu spät. Mit der Hast eines Mannes, den nichts mehr an einem Ort hält, verließ er London und fuhr wieder zur See. Drei Jahre später vermaß er, noch immer voller Gram, die riesige Küste von British Columbia. Neben der systematischen Kartierung fiel es ihm auch zu, die dortige Wildnis zu benennen, und so gab er von 1857 bis

1870 den zahlreichen von ihm vermessenen Bergen, Buchten, Inseln, Kanälen und Flüssen ihre Namen. Dabei stellte Pender fest, dass ihm der Akt der Namensgebung – wie eine Art Beschwörungszeremonie – sowohl half, Erinnerungen zu bewahren, als auch seinen Kummer zu lindern.

1863 wurde er Kapitän des Schiffes *Devastation* (Verwüstung), nach dem er den Devastation Channel benannte. Zu anderen Namen inspirierte ihn sein früheres Leben. So benannte er eine kleine Inselgruppe vor der Westküste von Vancouver Island nach Personen aus Charles Dickens' Roman *Dombey und Sohn.*

A B R A C A D A B R A
A B R A C A D A B R
A B R A C A D A B
A B R A C A D A
A B R A C A D
A B R A C A
A B R A C
A B R A
A B R
A B
A

Abracadabra in Form eines auf der Spitze stehenden Dreiecks.

Zur Zeit der Großen Pest 1666 war es in London üblich gewesen, das Wort „Abracadabra" in Form eines nach unten spitz zulaufenden Dreiecks an die Haustüren zu schreiben. Schon bevor man es mit einem Zaubertrick auf der Bühne verband, glaubte man an seine magische Schutzwirkung. Bereits im 3. Jahrhundert v. Chr. verschrieb der Arzt Quintus Serenus Sammonicus das Wort Abrakadabra als Vorbeugung gegen Krankheit und Siechtum. Doch seine Ursprünge reichen noch weiter zurück. Im Altaramäischen bedeutet es in etwa: „Ich erschaffe, was ich sage."

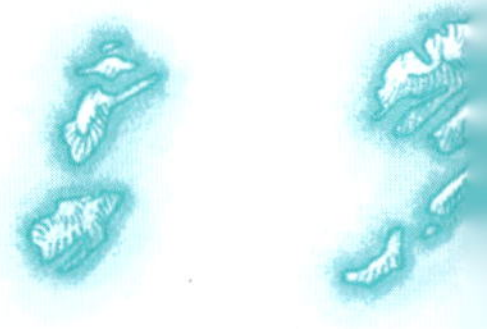

Die Vorstellung, dass ein Wort oder ein Name magische Kraft haben kann, findet sich auch im Märchen vom Rumpelstilzchen, in dem die Müllerstochter den Namen des Zwergs erraten muss, um ihr Kind behalten zu dürfen. Diese Beispiele zeigen, dass Namen nicht nur zur Identifizierung, sondern auch als Schutz und Rettung dienen können. Mit den Namen Sorrow (Kummer) und Grief (Gram) verwandelte Pender eine Inselgruppe und ein Kap in eine Geschichte, die gelesen werden konnte und die zur Navigation diente – die man aber auch hinter sich lassen konnte.

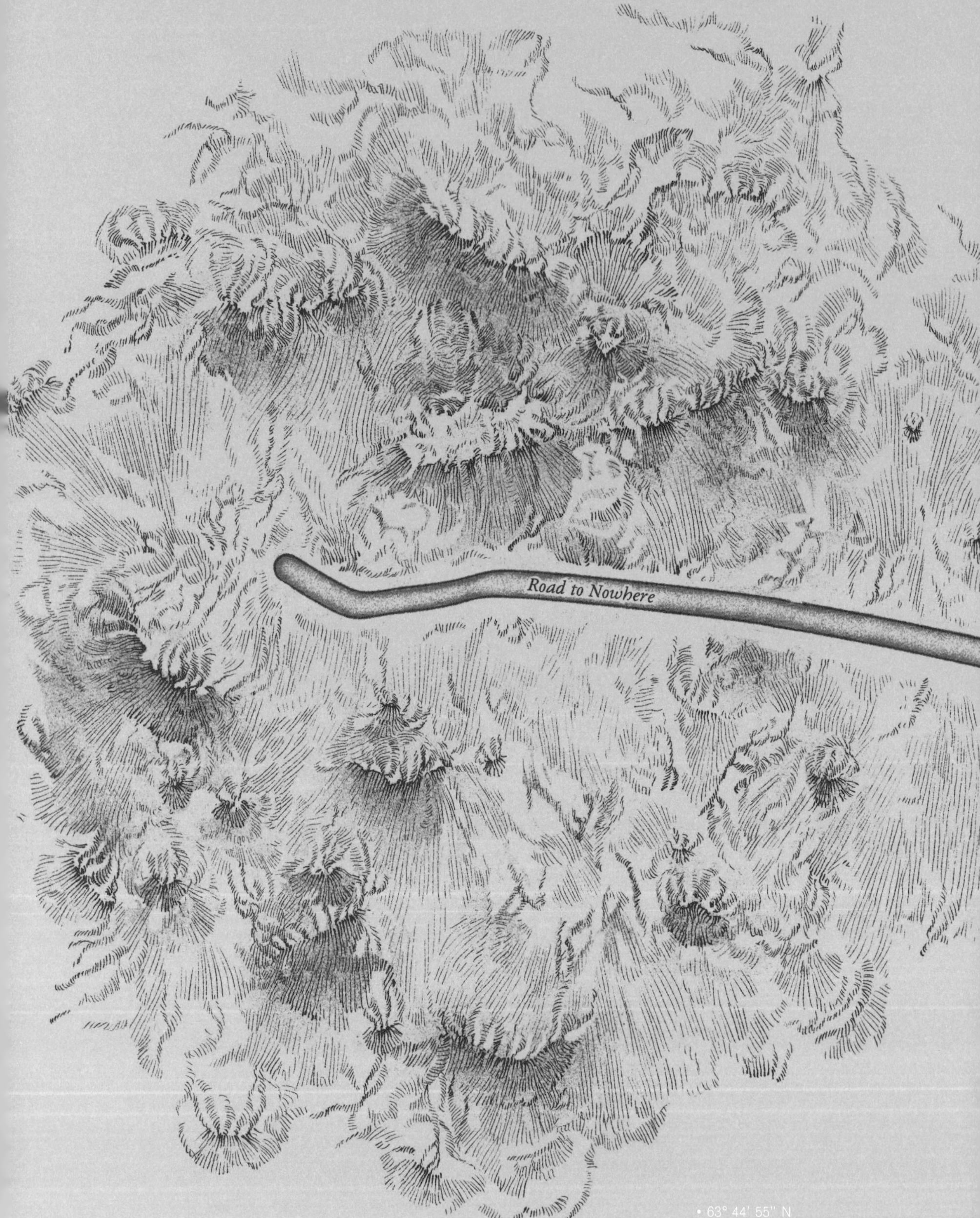
Road to Nowhere
• 63° 44' 55'' N
• 068° 31' 11'' W

Road to Nowhere (Straße nach Nirgendwo), Iqaluit, Kanada

EIN ROSTIGER PFOSTEN steht, wie ein böses Omen, etwas schief am Anfang der Straße. Das dazugehörige Schild, auf dem vermutlich der Straßenname stand, ist längst verschwunden. Dahinter windet sich die schmale Schotterpiste an einer Gruppe neuer Wohnblocks vorbei einen niedrigen Hügel hoch; vor der bleichen arktischen Landschaft wirken diese Holzhäuser mit ihren leuchtenden Primärfarben wie grellbunte Bilder aus einem Malbuch. Rechts neben der Straße liegt der Dead Dog Lake, der Tote-Hund-See. In dem leicht hügeligen, baumlosen – und im Winter tief verschneiten – Gelände der arktischen Tundra verschmilzt die Straße mit der Landschaft, bis sie abrupt endet. Statt dort jedoch auf Nowhere zu stoßen, steht man vor dem verrosteten Tor zu einem ehemaligen Schießübungsplatz.

Die Straße nach Nirgendwo befindet sich am Rand von Iqaluit, der kleinsten Territorialhauptstadt Kanadas an der vereisten Küste im äußersten Nordosten des Landes, von der es näher zur Hauptstadt Grönlands ist als zu der von Kanada. Sie ist auch die einzige größere Stadt, die nicht über Straße oder Schiene oder – zumindest den Großteil des Jahres – mit dem Schiff erreichbar ist. Eine Stadt buchstäblich mitten im Nirgendwo, mit mindestens einer Straße nach Nirgendwo – und doch ist sie die am schnellsten wachsende Provinzhauptstadt Kanadas.

Lange war Iqaluit ein unbedeutendes Dorf an der Küste, in dem nur eine Handvoll Inuit-Fischer lebte. Dies änderte sich jedoch schlagartig mit dem Zweiten Weltkrieg, als die amerikanische Luftwaffe einen geheimen Luftstützpunkt am Rand der Ortschaft errichtete. Unter dem Codenamen *Crystal Two* gehörte der Fliegerhorst zur „Crimson Route“, einer Reihe von amerikanisch-kanadischen Transportrouten, um die Truppen in Europa mit Nachschub zu versorgen. Fast über Nacht verwandelte sich das winzige arktische Fischerdorf in eine geschäftige Militärbasis mit Hunderten Bauarbeitern, Verwaltungsangestellten und Militärangehörigen. Am Ende des Krieges war Iqaluit zu einer kleinen Stadt angewachsen, in der über tausend Menschen lebten. Zwischen 1959 und 1962, als die Angst der Amerikaner vor der Sowjetunion auf dem Höhepunkt war, baute das nordamerikanische Luftverteidigungskommando NORAD hier einige geheime Radarstationen. Hunderte davon bildeten eine fast 10.000 Kilometer lange unsichtbare Verteidigungslinie, die sich quer über die ganze Arktis erstreckte, vom Pazifik zum Atlantik, von Alaska bis nach Island. Dieser Radarschirm sollte sowjetische Bomber und Kriegsschiffe auf dem Weg nach Amerika erkennen und so eine drohende Invasion vereiteln.

Heutzutage fällt es schwer, diesen permanenten Angstzustand nachzuvollziehen, der das kollektive Bewusstsein Amerikas in den 1950er- und frühen 1960er-Jahren prägte. In unzähligen Groß- und Kleinstädten wurden Luftschutzsirenen installiert und Bunker unter Schulen, Geschäften und Regierungsgebäuden eingerichtet. Über die heimischen Fernsehschirme flimmerten Bilder von todbringenden Atompilzen. Mittelschichtsfamilien bauten in ihren Vororten Atomschutzbunker in die Gärten und lagerten Gemüse- und Fleischkonserven ein. In den Schulen wurde das Aufsetzen von Gasmasken geübt.

Man ersparte den Kindern die politische Komplexität der atomaren Kriegsführung und machte sie stattdessen mit Bert bekannt, einer Zeichentrickschildkröte, die demonstrierte, wie man bei Gefahr in Deckung ging – im Fall eines Atomangriffs sollten die Schüler unter ihren wackeligen Schulbänken Schutz suchen. „Der wachsame Bert“ zeigte in einem Propagandafilm der US-Zivilverteidigungsbehörde, dass man sich in allen möglichen Situationen sofort ducken und den Kopf schützen sollte. „Duck and Cover“ war der Slogan (und auch Name des 1951 erschienenen Films), der sowohl im einprägsamen Titelsong als auch vom Sprecher ständig wiederholt wurde.

„Duck and Cover“ empfiehlt die Schildkröte Bert auf dem Plakat der US-Zivilverteidigungsbehörde (1951).

Als die Sowjets am 30. Oktober 1961 die sogenannte Zar-Bombe mit einer Sprengkraft von 50 Megatonnen TNT über einem abgelegenen Archipel in der sibirischen Arktis zündeten – 1570-mal stärker als die Hiroshima- und die Nagasaki-Bombe zusammen –, war jedoch klar, dass Berts Rat nicht ausreichen würde.

Bei mehreren gefährlichen Zwischenfällen im Kalten Krieg war die amerikanische Regierung verstörend nahe daran, die Welt zurück in die Steinzeit zu bomben. Eine solche Beinahe-Apokalypse ereignete sich am 24. November 1961, als die Kommunikationsleitungen zwischen dem Strategischen

Luftkommando der USA und mehreren NORAD-Stationen in der Arktis plötzlich tot waren. Dass diese Verbindungen alle gleichzeitig abbrachen, war verdächtig, denn mehrstufige Sicherheitsmaßnahmen sollten ein solches Phänomen praktisch ausschließen. In einer kolossalen Fehleinschätzung nahm man an, dass sich die schlimmsten Ängste bewahrheitet hatten und ein sowjetischer Atomangriff bereits im Gange war. Auf den Luftwaffen- und Raketenstützpunkten der gesamten USA wurde Alarmstufe Rot ausgelöst, B-52-Langstreckenbomber mit Atomsprengköpfen standen abflugbereit auf den Startbahnen. Zwölf quälende Minuten warteten alle mit angehaltenem Atem auf den Befehl zum Gegenschlag. Gerade noch rechtzeitig fiel jemandem auf, dass sämtliche Kommunikationsleitungen über eine einzige Relaisstation in Colorado liefen, wo sich in der Nacht ein Aggregat überhitzt hatte. Nur dadurch waren die Leitungen zwischen den Radarstationen und den übermotivierten Kommandeuren ausgefallen, deren Finger schon über dem roten Knopf zuckten.

Wie wir wissen, kam es nie zu einem Angriff der Sowjetunion, wurden nie Atombomben über Amerika abgeworfen. Atomschutzbunker wurden zu Weinkellern umfunktioniert, Gasmasken zu Souvenirs, und Bert wurde in den Ruhestand geschickt. Auch die Radarstationen in der Arktis wurden schließlich durch Satellitentechnologie ersetzt. Viele stehen jedoch immer noch verlassen in der schneebedeckten nordischen Landschaft, archaische Symbole einer obsolet gewordenen Kriegsführung. Sollten es Sie einmal an den Stadtrand von Iqaluit verschlagen, dann fahren Sie ans Ende der Straße nach Nirgendwo und schauen nach Norden: Die weißen, pilzförmigen Kuppeln in der Ferne gehören zu einer NORAD-Radarstation. Ein Relikt der Geschichte, Zeugnis eines Weges, der glücklicherweise ins Nirgendwo führte.

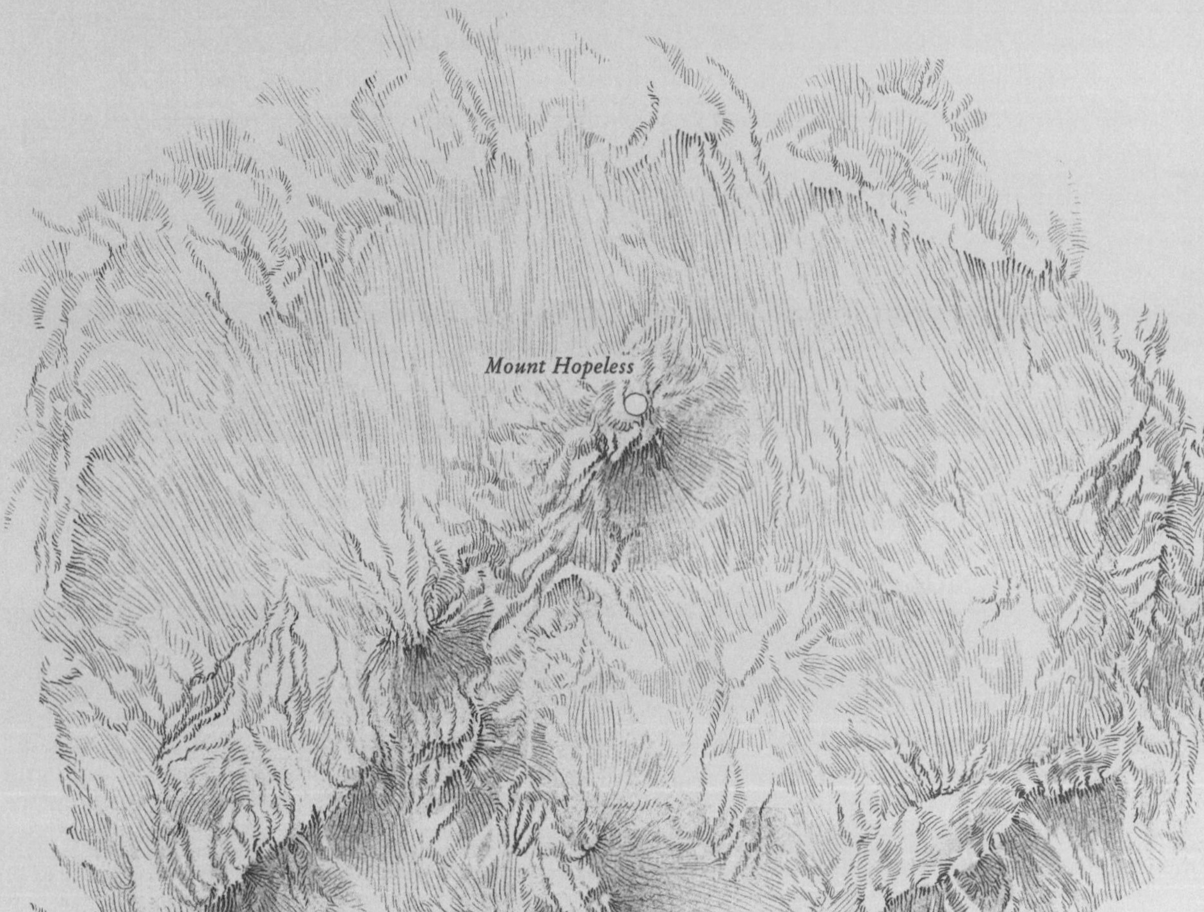

• 29° 42' 0'' S
• 139° 40' 30'' O

Mount Hopeless (Berg der verlorenen Hoffnung), South Australia, Australien

IN EINEM ENTLEGENEN Gebiet des südaustralischen Outback ragt ein felsiger Hügel aus einer ansonsten gleichförmigen Landschaft. Dort stand am 2. September 1840 Edward John Eyre und blickte entmutigt auf einen riesigen glitzernden Salzsee, der sich bis zum Horizont erstreckte. Eyres Expedition lief nicht nach Plan.

Seit etwa siebzig Jahre zuvor die ersten Europäer den Fuß auf den Kontinent gesetzt hatten, kursierten zahlreiche Gerüchte über das geheimnisvolle Landesinnere. Während manche über ein gewaltiges Binnenmeer oder ein weitverzweigtes Flusssystem spekulierten, glaubten andere dort an üppig grünes Weideland. Selbst wildeste Behauptungen konnten nicht widerlegt werden, war doch bisher kein Europäer tief ins Land vorgedrungen. 1827 veröffentlichte Thomas Maslen, ein pensionierter Offizier der Britischen Ostindien-Kompanie, ein Buch mit dem Titel *The Friend of Australia*. Dass Maslen selbst noch nie in Australien gewesen war, hinderte ihn nicht daran, eine Handreichung für Forscher herauszugeben, komplett mit Landkarten und Instruktionen. Kühn behauptete das Buch unter anderem, es gäbe ein riesiges Binnenmeer, das über ein weitläufiges Flussdelta mit dem Indischen Ozean verbunden sei. Sogar eine Karte hatte Maslen dazu gezeichnet. „Es ist unmöglich“, schrieb er, „die Werke eines großzügigen Schöpfers zu betrachten und dennoch anzunehmen, auf unserem Planeten könnten Unvollkommenheiten existieren, was ja zweifellos der Fall wäre, hätte ein solcher Kontinent keinen Abfluss für seine Gewässer.“ Nordamerika hatte den Mississippi, Südamerika den Amazonas, Afrika den Nil, Asien den Ganges und den Mekong, und so war es für Maslen nur logisch, dass sein großzügiger Schöpfergott auch Australien mit einem Flussnetz und zudem einem Binnenmeer bedacht haben musste. So fest war Maslen davon überzeugt, dass er sogar dazu riet, auf einer Expedition Schiffe mitzuführen. Das Buch war kein Verkaufserfolg, befeuerte jedoch den Mythos vom Binnenmeer.

Zehn Jahre später entschloss sich der 23-jährige Edward Eyre, ein schmaler, blasser, ruhiger Brite, der Sache ein für alle Mal auf den Grund zu gehen. Er war nach Australien gegangen, um sich Militärdienst, Studium und seinen nörgelnden Eltern zu entziehen, doch vor allem träumte er von einem Dasein als Forschungsreisender – und wo war das eher möglich als auf dieser neu entdeckten *terra*

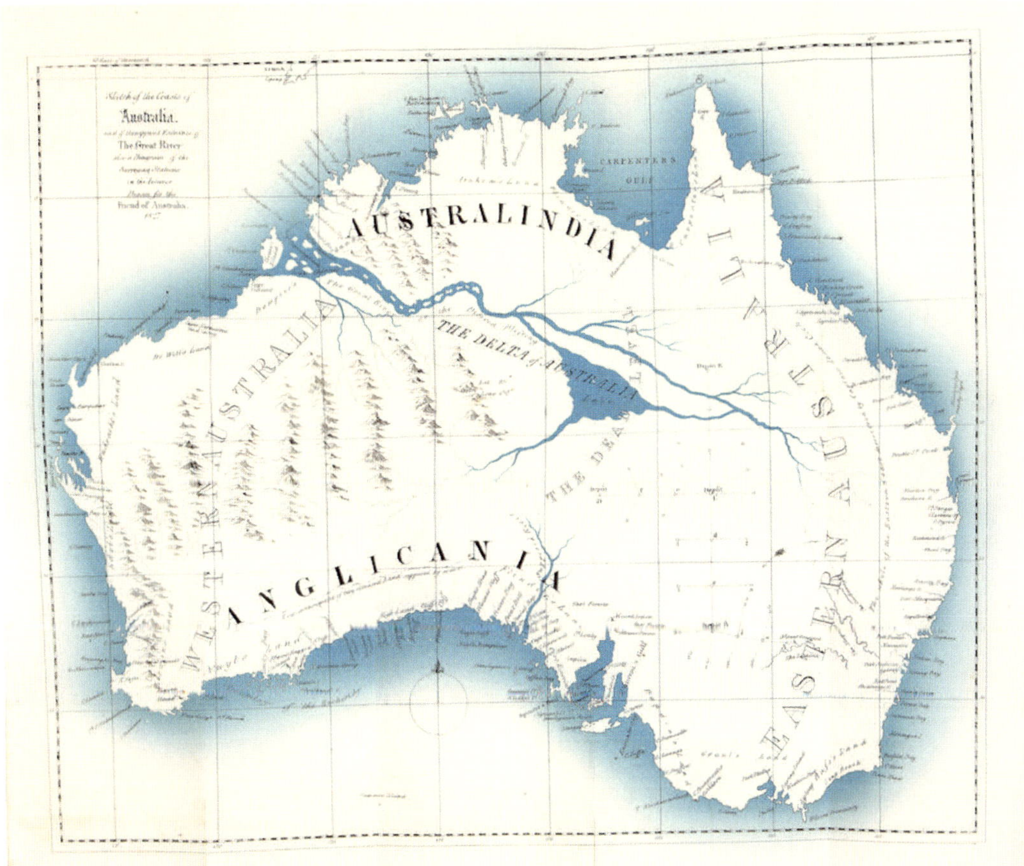

Das australische Binnenmeer auf der Landkarte von Thomas Maslen, *The Friend of Australia*, 1827.
Bild mit freundlicher Genehmigung von Hordern House Rare Books, Sydney.

incognita? Nachdem er sich kurz als Schafzüchter versucht hatte, zog er als Viehhändler übers Land. 1839 trieb er eine Schafherde in die neu gegründete Stadt Adelaide und verkaufte sie so gewinnbringend, dass er seinen Traum in die Tat umsetzen konnte. Zusammen mit fünf Europäern, seinen engen Freunden John Baxter und Wylie, zwei Aborigine-Führern, 13 Pferden, 40 Schafen und Verpflegung für drei Monate brach Eyre am 18. Juni 1840 von Adelaide ins unerforschte Landesinnere auf.

Doch auch nach drei Monaten sah sich die Gruppe nicht von fruchtbarem Weideland umgeben, sondern von einer Landschaft, die „… kahl, arm an Vegetation und mit einer dicken Schicht Salz überzogen“ war, „so elend und trostlos, wie man es sich nur vorstellen kann“. Eyre kletterte auf einen Felshügel und blickte zutiefst niedergeschlagen auf unpassierbares, sumpfiges Terrain.

Dabei war Eyre sogar auf ein großes Gewässer gestoßen, doch es lag zu nahe an Adelaide, um das sagenumwobene Binnenmeer zu sein. „Stiegen auf den Berg der verlorenen Hoffnung“, schrieb Eyre in sein Tagebuch und gab damit unbeabsichtigt dem Hügel seinen Namen. „Uns bot sich ein wahrhaft freudloser Anblick, bar jeder Hoffnung. Damit haben sich alle meine Träume für diese Expedition zerschlagen. Eine Unternehmung, die mit so vielen Erwartungen verbunden war, ist beendet. Was wir sahen, hätte den Eifer des größten Enthusiasten erstickt und jeden Skeptiker bestätigt.“

Leider sollte es noch schlimmer kommen. Enttäuscht kehrten die Männer nach Adelaide zurück, kauften neuen Proviant und machten sich Richtung Südwesten auf, um Australiens unerforschte Südküste zu erkunden. Zwei Monate lang wanderten sie unter der glühenden Wüstensonne westwärts. Zu ihrer Linken fiel das Land steil zum anbrandenden Ozean ab, zu ihrer Rechten dehnte sich eine endlose, lebensfeindliche Wüste.

Es gab nur zwei Möglichkeiten: Weitermarschieren oder erneut blamiert den Rückweg antreten. Da Eyre sich des Dilemmas bewusst war, schickte er den Großteil der Gruppe nach Adelaide zurück und ging nur mit Baxter, Wylie und zwei Aborigines-Führern weiter. Aus Wochen wurden Monate, die Expedition geriet zum Überlebenskampf. Um an Wasser zu gelangen, mussten die Männer tiefe Löcher graben oder den Morgentau von den Wüstenpflanzen lecken. Schafe und Pferde verendeten, Vorräte mussten zurückgelassen werden.

Gelegentlich traf die Gruppe auf Aborigines, die sich ihrer erbarmten und sie zu Wasserstellen führten. Und zu allem Unglück schnappten sich eines Abends die beiden Führer den Großteil der noch verbliebenen Vorräte, töteten John Baxter und flohen in die Wüste. Eyre war am Boden zerstört. Dennoch setzten Wylie und er den aussichtslosen Marsch unter der sengenden Sonne fort – ohne Wasser und Nahrung, den sicheren Tod vor Augen. Nach einigen Tagen stießen sie auf einen verwesenden Pferdekadaver, von dem sie in ihrer Verzweiflung aßen – es hätte sie beinahe das Leben gekostet.

Knapp ein Jahr nach Beginn der unglückseligen Expedition sichteten die beiden Männer, dem Hungertod nahe, ein vor der Küste ankerndes Schiff. Eilends kletterten sie die Klippen hinunter und befanden sich kurz darauf an Bord des französischen Walfängers *Mississippi.* Die Seeleute hatten Mitleid mit den halb verhungerten Männern, konnten sie jedoch lediglich mit reichlich Proviant versorgen, bevor diese die halsbrecherische Reise an Land fortsetzten.

Über ein Jahr nach ihrem Aufbruch in Adelaide erreichten die beiden abgemagerten Männer das Küstenstädtchen Albany. Sie hatten über 2.500 Kilometer zurückgelegt, was der Entfernung zwischen London und Moskau entspricht. Dabei hatten sie gelernt, wie man in der Wüste Wasser findet und dass man keine verwesenden Tiere essen darf, und natürlich hatten sie mehr als ausreichend Bewegung und eine knackige Bräune bekommen. Doch das Landesinnere war nach wie vor ein Rätsel. Ebenso wenig lieferte Eyres Expedition aufschlussreiche Erkenntnisse über die topografische Beschaffenheit des Landes. Es klingt wie bittere Ironie, dass man sich heute aufgrund eines Salzsees an Eyre erinnert – jenes Sees, der als Vorzeichen für das Scheitern der Expedition angesehen werden kann und der jetzt Eyres Namen trägt. Erschöpft kehrte Edward Eyre nach Adelaide zurück, ausgemergelt und ohne Lust auf weitere Forschungsabenteuer.

• 34° 28' 47'' N
• 113° 20' 7'' W

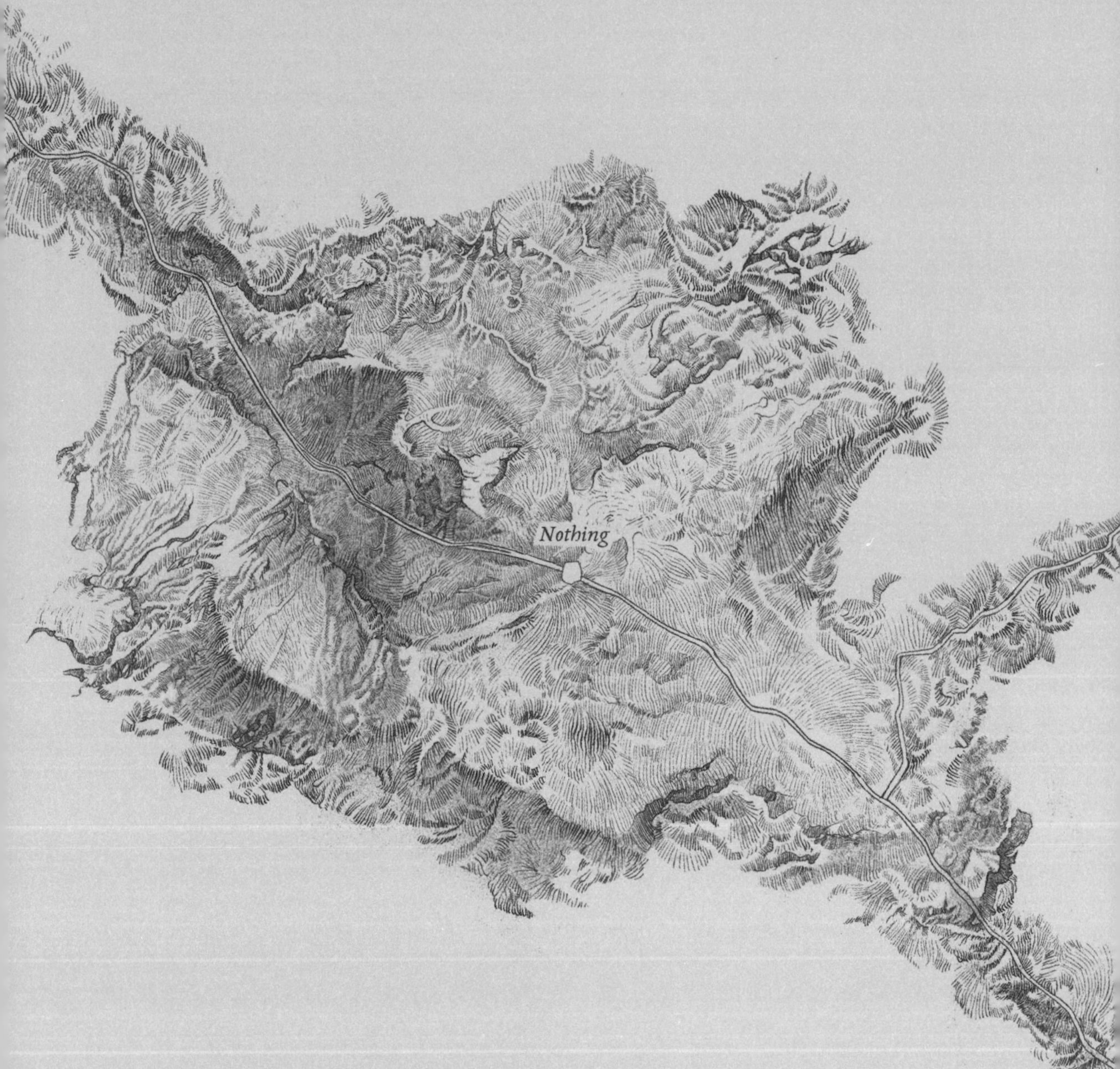

Nothing (Nichts), Arizona, USA

NOTHING IST EINE Geisterstadt, und das erscheint sehr passend. Mitten in der Wüste Arizonas, an einem einsamen Abschnitt der Route 93 irgendwo zwischen Las Vegas und Phoenix, nagen trockene Hitze und Wind an den verfallenden Überresten des Ortes. Am besten beschreibt man ihn als Momentaufnahme eines permanenten, schleichenden Zerfallsprozesses.

Da trotzt eine ausgebleichte Hütte der Schwerkraft, die Worte BETRETEN VERBOTEN in großen schwarzen Buchstaben auf ein zugenageltes Fenster gesprüht. Um den völlig leeren Lebensmittelladen, der fast schon satirisch „All-Mart" heißt, liegt dekorativ Müll verstreut: das Gerippe eines Sofas, Bierflaschen und geblümte Unterwäsche – die Sorte Müll, die rätselhafterweise immer an solchen Orten herumzuliegen scheint. Vielleicht am seltsamsten mutet das Betonfundament des ehemaligen Nothing Rock Shop an, ein zu Herzen gehender verzweifelter Versuch, Steine – eine der wenigen

frei verfügbaren Ressourcen der hiesigen Wüste – in begehrenswerte Souvenirs zu verwandeln. Der Text auf dem ehemaligen Willkommensschild begann mit: „Die standhaften Bürger von Nichts sind voller Hoffnung und Vertrauen und glauben an die Arbeitsmoral.“ Ohne Vorwarnung folgt daraufhin eine scharfe Kehrtwendung Richtung Nihilismus, wird Präsens zu Imperfekt, sodass schicksalsergebene Resignation mitschwingt: „Über Jahre hinweg vertrauten die Menschen auf Nichts, hofften auf Nichts und arbeiteten in Nichts für Nichts.“

Die amerikanische Wüste: magisches Grenzgebiet und Tummelplatz der Fantasie, wo geheime Militärtechnologie getestet wird, UFOs am Himmel erscheinen, Atombomben gezündet werden und wohin sich die von der Gesellschaft Enttäuschten zurückziehen, um sich neu zu erfinden. Nothing, 1977 gegründet, war ein merkwürdiges städtebauliches Experiment. Während seiner kurzen wirtschaftlichen Blüte Anfang der 1980er-Jahre wuchs die Bevölkerung auf vier Menschen an. Hier konnte man Rast einlegen und sich mit Benzin, Lebensmitteln und Mineralien versorgen. Abgesehen von vereinzelten Lastwagenfahrern, Staubsaugervertretern oder verirrten Urlaubern zog Nothing vor allem eine spezielle Art von Reisenden an: die „Snowbirds“ – Rentner, die Zugvögeln gleich in ihren Wohnmobilen südwärts ziehen, um dort zu überwintern. Traditionell war ihr Ziel Florida, inzwischen

Der ehemalige Nothing Rock Shop.
Bild mit freundlicher Genehmigung von Aaron Wood.

entstehen jedoch auch in anderen südlichen Staaten mit mildem Winter saisonale Wohnmobilsiedlungen. Nur zweihundert Kilometer südlich von Nothing, im Bergbaustädtchen Quartzsite, findet alljährlich die größte Snowbirds-Zusammenkunft Nordamerikas statt – eine bizarre Gemeinschaft auf Zeit von Tausenden Campernomaden, die kaum mehr gemeinsam haben als eine Abneigung gegen Kälte und den Wunsch, unter ihresgleichen zu sein. Bis Mitte Januar treffen täglich etwa 26.000 Wohnmobile dort ein. Dann parken nicht weniger als 175.000 Luxusmobile, umgebaute Transporter, Schulbusse und Wohnwagen dicht an dicht in 79 Wohnwagenkolonien, die sich meilenweit über die Stadtgrenze hinweg ausbreiten. Und Quartzsite wird zu einem schier endlosen Meer aus Wohnmobilen, Plastikliegestühlen, Sonnenschirmen und ledriger Haut in der Wüste.

Hauptattraktion von Quartzsite sind die Flohmärkte, ein umsatzstarker emsiger Austausch und Konsum nutzloser Dinge. Kurioserweise sind nicht Kettensägeskulpturen, Imitate afrikanischer Kunst, Zottelteppiche, Windmühlen in allen Variationen oder handgefertigte Besen die Verkaufsschlager, sondern Steine. 1965 fand in Quartzsite die erste „Pow Wow Rock, Gem & Mineral Show" statt und mauserte sich zur inzwischen größten alljährlichen Stein- und Mineralienmesse Amerikas. Heutzutage gibt es ungefähr acht große Verkaufsausstellungen dieser Art, auf denen unzählige Händler eine bunte Vielfalt an geologischen Artefakten feilbieten. Steine werden in Quartzsite als mystische Objekte gehandelt und dienen vor allem als sozialer Schmierstoff. Nicht wegen ihrer Funktion oder ihres Werts sind sie begehrt, sondern weil sie eben *nichts* wert sind.

Man könnte argumentieren, dass „Nichts" als Substantiv nicht funktionieren kann, weil es kein Objekt gibt, auf das es sich bezieht. Darauf ließe sich entgegnen, dass das „Nichts" ein Gedankenkonstrukt ist und somit existiert, wenn auch nur immateriell. Oder dass wir in unserer Beziehung zur Außenwelt gleichermaßen Abwesenheit wie Präsenz erfahren und Begriffe wie „Nichts" dazu dienen, dies zu veranschaulichen.

1958 veranstaltete Yves Klein in der Galerie Iris Clert in Paris eine Performance mit dem Titel *Le Vide* (Die Leere). Aufgrund einer umfassenden Werbekampagne, die wenig verriet, fanden sich zur Ausstellungseröffnung Hunderte neugieriger Pariser ein, sodass sich lange Warteschlangen bildeten. Um die Aura des Geheimnisvollen zu verstärken, standen zwei Republikanische Garden in Paradeuniform vor dem Eingang. Als sich die Türen schließlich öffneten und die Menschen hineinströmten, waren sie schockiert – nicht von dem, was sie sahen, sondern von dem, was sie nicht sahen: Der Galerieraum war völlig leer. Klein hatte den Raum weiß gestrichen und alle Kunstobjekte, aber auch den Künstler als Performer daraus verbannt. Bemerkenswerterweise war die Veranstaltung ein immenser Erfolg. „Es ist der Wahnsinn", äußerte sich Klein am Eröffnungsabend. „Hier herrscht ein solches Gedränge, dass man sich kaum bewegen kann." Nicht die leere Galerie war für Klein das Kunstwerk, sondern die Leere an sich. Die Präsenz des Nichts – Konsequenz einer Kunst ohne Künstler.

In den letzten Februar- und den ersten Märzwochen packen die Bewohner auf Zeit in Quartzsite Campingzubehör und Marktstände wieder zusammen und verstauen die ihnen kostbaren Steine – gekauft, getauscht, gefunden oder geschenkt – sorgfaltig in ihren Wohnmobilen. Wie ein Defilee großer weißer Vögel starten sie einer nach dem anderen hinaus in die Wüste Arizonas. Manche kommen dabei auch am einstigen Nothing vorbei. 2005, lange nachdem der Ort aufgegeben worden war, wurde er an einen ehemaligen Schweinezüchter verkauft. Der stellte ein Schild auf mit dem Versprechen: „Demnächst entsteht hier ein neues Nichts."

Kartografie des Raums

Edward Hopper, *Gas*, 1940.
Bild mit freundlicher Genehmigung des
Mrs Simon Guggenheim Fund.

Nicht weit von meiner Wohnung in Amsterdam entfernt steht das Hotel Prins Hendrik. Am 13. Mai 1988, circa 3.10 Uhr morgens, lag dort auf dem Gehweg ausgestreckt der tote Chet Baker. Eine Zeit lang war Baker einer der gefeiertsten Musiker des modernen Jazz – seine eindringlichen Trompetenklänge und seine samtig-melancholische Stimme wurden übers Radio in alle Welt übertragen. Er war allein im Hotelzimmer gewesen und wie üblich in einem Heroin- und Kokainrausch, als er sich offenbar zu weit aus dem Fenster lehnte. Wenn ich an dem Hotel vorbeifahre, bleibe ich hin und wieder stehen und beobachte, wie Touristen die bronzene Erinnerungstafel neben dem Hoteleingang fotografieren. Sie machen Selfies oder spähen hinauf zu dem Fenster, aus dem Baker gestürzt ist. Hin und wieder legt sich einer in der Pose des toten Musikers auf den Boden.

Das Hotel zögerte nicht lange, Kapital aus dem Malheur zu schlagen. Wahre Chet-Baker-Fans können das in „Chet-Baker-

Zimmer" umbenannte frühere Zimmer 210 buchen. Das weiß ich, weil auch ich einer bin und am 13. Mai dort übernachten wollte. Leider war das Zimmer bereits von einem noch fanatischeren Baker-Pilger belegt. Ich habe also erst einige Tage später einen Teil der Nacht dort verbracht, in der ich allein im Dunkeln saß, Bier trank und das klassisch gewordene Album *Chet Baker Sings* hörte. Durchs Fenster tanzten die Lichter der Stadt, und ich versuchte mich vergeblich zu fühlen wie Baker in jener Nacht 1988. Der Höhepunkt kam um 3.09 Uhr. Ich öffnete das Fenster und starrte hinunter auf den grau asphaltierten Gehweg, der vom Regen am Nachmittag noch nass und von Zigarettenstummeln übersät war. In dem abgedunkelten Zimmer sang Chet *Deep in a Dream:* „Die Wände meines Zimmer verschwinden im Blau …"

Ich ließ den Zimmerschlüssel an der unbesetzten Rezeption zurück und ging in die stille Nacht hinaus. Als ich durch die schlafende Stadt nach Hause fuhr, war ich zufrieden mit meinem kleinen zeitgenössischen Beitrag zur Mythenbildung. Ich hatte an einer Wallfahrtsstätte ein künftiges Ritual begründet. Am helllichten Morgen, noch im Bett, malte ich mir aus, wie es mir die Fans kommender Jahrhunderte gleichtun und Jahr für Jahr wiederkehren würden, um kurz in schmerzlicher Erinnerung zu schwelgen und an diesem auratischen Ort vielleicht ein Fragment der Unsterblichkeit zu erhaschen.

Ein silbriger Dunstschleier lag auf der kurvigen Straße, und die Klimaanlage klackerte wie ein Wäschetrockner voller Steinchen. S. umklammerte das riesige Lenkrad mit beiden Händen und starrte angestrengt in die Ferne. Wir saßen in einem alten Buick-Straßenkreuzer, dessen ehemals kanariengelbe Farbe inzwischen nur noch verfärbten Zähnen glich – ein Relikt aus der goldenen Zeit der langen Überlandfahrten, eine Ikone des Highway. Wir waren auf Cape Cod, Massachusetts, unterwegs und suchten nach der Tankstelle, die Edward Hopper für sein Gemälde *Gas* von 1940 als Vorlage gedient hatte.

Hopper, bekannt für seine Vorliebe, allein zu reisen, verbrachte viele Sommer auf Cape Cod. An einem ruhigen Strandabschnitt bei Truro hatte er sich ein Haus gebaut, von dem aus er loszog, um die Schnittpunkte von Postmoderne, Mobilität und Alltagsleben mit ihrer Aura der Einsamkeit zu erkunden. Ich hatte mich mehrere Nächte lang durch Blogs, Artikel und Google Maps geklickt, um diese Tankstelle zu orten. Im *Boston Globe* vom 4. April 2010 stand, sie sei an der Route 6 irgendwo südlich von Truro zu finden. Dem Artikel zufolge war sie baufällig und vom Abriss bedroht, weil ihr eventueller historischer Wert niemanden interessierte. Da dieser Artikel schon etliche Jahre alt war, hielt ich eine Wallfahrt nach Cape Cod für dringend geboten.

„Hast du Lust auf einen Ausflug", fragte ich S. und köderte sie mit der Aussicht auf Schwimmen im Meer und saftige New-England-Lobster.

Nachdem wir denselben Abschnitt der Route 6 gefühlt mehrere Stunden rauf- und runtergefahren waren, rangen wir uns schließlich dazu durch, jemanden zu fragen. Wir stellten das Auto auf den leeren Parkplatz eines Restaurants namens Moby Dick und gingen hinein. Von jedem verfügbaren Fleckchen Oberfläche hingen Ruder, Bojen, Schwimmwesten, Anker, Fischernetze und unzählige andere maritime Utensilien. S. suchte auf der Theke nach einer Klingel, als eine Frau aus der Küche trat, mit einer von Fischblut verschmierten Schürze und dem typischen Lächeln der Neuengländerin. Wir erklärten ihr unsere missliche Lage, und sie reagierte verständnisvoll, konnte uns aber nicht helfen. Da erschien eine andere Frau, und wieder erklärten wir, was wir suchten. Sie schien zu wissen, wo die von uns vermutete Tankstelle war, und zeichnete uns mit rotem Stift eine grobe Skizze auf eine Serviette. Wir bedankten uns und versprachen, später zum Essen wiederzukommen. Mit dieser archaischen Technologie ausgestattet setzte ich mich ans Steuer, während S. die Navigation übernahm, wobei sie die Serviette hin und her drehte, als wäre sie ein kaputter Kompass.

Ich dachte bereits seit einiger Zeit über die merkwürdige Faszination von Tankstellen auf viele Künstler nach. Da gibt es Ed Ruschas ikonische Fotoserie *Twentysix Gasoline Stations* von 1963 – das erste Künstlerbuch, dem die Library of Congress die Aufnahme in den Bestand verwehrte, und das neulich für fast tausend US-Dollar auf Amazon angeboten wurde. Oder Andy Warhols *Mobilgas* von 1985. Und die erst kürzlich erschienene halluzinatorische Serie *Gas Stations* des Modefotografen David LaChapelle. Doch vor allem natürlich Hopper, mit dem die junge Tradition dieses sonderbaren künstlerischen Motivs begann.

Als Hopper 1940 *Gas* malte, wurden Autos und Tankstellen überall in Amerika ein immer alltäglicherer Anblick. Individuelle Mobilität war nicht länger ein Luxus der Reichen, sondern stand allen zu. Die Tankstelle in *Gas* ist ein kleiner weißer Holzbau, durch die offene Tür und die Fenster fällt gelbliches Licht auf drei rote Zapfsäulen und die Straße dahinter. Tagsüber wirkt diese Tankstelle vermutlich heimelig und einladend, doch jetzt, an der Schwelle zwischen Tag und Nacht, ist sie irgendwie „unheimlich". Zudem führt die Straße durch einen dunklen, bedrohlichen Wald, in dem schwindenden Licht gibt es keine Schatten. Es entsteht eine trostlose Atmosphäre der Langeweile und des Übergangs, hervorgerufen durch den Wechsel der Tageszeit und das Verschwinden der Straße hinter der Kurve.

Es hat seinen Grund, warum ich Tankstellen schon immer beklemmend fand. Es sind künstliche Orte zwischen *hier* und *dort,* in einem Zwischenzustand zwischen dem Realen und dem Imaginären, was sich bereits an ihrer eher temporären Bauweise zeigt. Vielleicht macht genau das sie so ideal fürs Kino. Es gibt eine in dem Film *The Texas Chainsaw Massacre* (auf Deutsch als *Blutgericht in Texas* bzw. *Kettensägenmassaker* erschienen) aus dem Jahr 1974, die im Film auch noch „Last Chance Gas Station" heißt. Sie steht immer noch und wurde inzwischen in „We Slaughter Barbecue" umbenannt. Oder man denke an die malerische Tankstelle in Hitchcocks *Die Vögel,* wo eine Bande gestörter Möwen einen Kunden zu Tode hackt. Aber das vielleicht erschreckendste Beispiel findet sich in dem niederländischen Film *Spoorloos (Spurlos verschwunden)* aus dem Jahr 1988. Rex und Saskia fahren nach Frankreich, um dort Urlaub zu machen. Auf der französischen Autobahn hält das junge Liebespaar an einer belebten Tankstelle, und Saskia geht hinein, um Bier zu kaufen. Von da an ist sie wie vom Erdboden verschluckt. Rex' Suche nach ihr ist zuerst hektisch und wird später wahnhaft; sie zieht sich jahrelang hin, bis Rex schließlich auf Saskias Kidnapper trifft. Das Ende ist besonders grauenhaft; für Stanley Kubrick war es der erschreckendste Film, den er je gesehen hatte.

Natürlich ist es kein Zufall, dass Saskia an einer Tankstelle verschwindet. Wie auch das Kino sind Tankstellen ortlose Orte – Inseln, die sich der räumlichen Festlegung und Erinnerung entziehen. Hopper mochte der Erste gewesen sein, der Tankstellen in die Kunst brachte. Doch S. und ich würden die ersten Tankstellenkunst-Pilger sein.

Als wir uns dem dünnen roten X auf der Serviette näherten, rutschte mir das Herz in die Hose. Ich bog von der Straße ab und hielt an einer Stelle, wo der umliegende Wald vor Langem gerodet worden war. Wir stiegen aus, kniffen in der Mittagssonne die Augen zusammen und schauten uns um. Hier gab es tatsächlich ein Gebäude, das aber so gründlich in Verfall begriffen war, dass man es kaum noch als solches erkannte. Die vier Holzwände und ein Blechdach sahen aus wie vor langer Zeit implodiert. Junges Grün zierte den Trümmerhaufen.

Auf der anderen Seite der Straße, über die ein endloser, glitzernder Strom von Autos zog, stand das Betongerippe eines halbfertigen Gebäudes. Zwei tiefbraun gebrannte Hispanos luden Plastikrohre von der Ladefläche eines Pick-ups. Ich dachte an Robert Smithson, der Häuser im Bau als „ruins in reverse" („umgekehrte Ruinen") bezeichnet hatte. An unseren Wagen gelehnt betrachteten wir schweigend die Mise en Scène und versuchten – wie andere vielleicht in Rom oder Athen – eine bedeutsame Erkenntnis daraus zu ziehen: über die Zirkularität der Zeit oder ihren Triumph über die Geschichte.

Wir wollten gerade weiter, als ich an einem Baum ein „Zu-verkaufen"-Schild mit einer Telefonnummer entdeckte. S. rief dort an und erfuhr nach etlichen Nachfragen, dass hier einmal eine Pizzeria gestanden hatte, und nein, die Immobilienagentur wusste nichts über unsere legendäre Tankstelle. Kaum wieder im Auto, verlor S. keine Zeit und erinnerte mich an die bisher unerfüllten Versprechen von Strand und saftigen New-England-Lobstern, also fuhren wir zurück nach Truro. Insgeheim hoffte ich, dass wir noch einen Blick auf Hoppers Sommerhaus an der Küste werfen konnten, bevor es dunkel wurde.

Zwar gab ich vor, gar nicht an den Strand zu wollen, dabei wollte ich nichts lieber als das. Aber dies zuzugeben hätte bedeutet, dass wir keine ernsthafte Recherchereise, sondern Urlaub machten. Ich würde ja gern snobistische Askese als Grund meiner Verachtung für derlei Vergnügungen und Touristen anführen, aber in Wahrheit will ich mich vor Enttäuschungen schützen. Nie reagiert man so empfindlich wie im Urlaub, wenn sich Hoffnungen und Erwartungen nicht erfüllen, denn schließlich sind es jene ersehnten Tage, die wir mit nichts weniger als einem fortwährenden Glückzustand assoziieren.

Dass ich so allergisch dagegen bin, liegt wahrscheinlich in meiner Kindheit begründet. Ich erinnere mich an die sehnsüchtig erwarteten Familienurlaube, jene kurzen Sommerwochen, die aus nichts als aneinandergereihten Enttäuschungen bestanden, was uns als Familie wachsender Desillusionierung bis zu einem nie gekannten Ausmaß aussetzte – nur um sich im nächsten Jahr noch einmal zu steigern. Inzwischen ist mir selbst der leiseste Anflug von Enttäuschung unerträglich, und ich ergreife extreme Vorsichtsmaßnahmen, um sie zu vermeiden. Wie gern würde ich den einsamen und vermutlich ungeheuer enttäuschten Reisenden in Hoppers trostlosen Motels und Diners verraten, das Geheimnis sei es, die Erwartungen auf null zu schrauben, von jedem Augenblick nur das Schlimmste zu vermuten und damit zu rechnen, dass der nächste Moment genauso schrecklich wird wie der eben vergangene. Nur dann könnte ihr Urlaub gelingen.

Wir fuhren auf einen leeren Parkplatz beim Strand. Das glatte, metallisch graue Meer ging nahtlos in den verzinkten Nachmittagshimmel über. S. beschloss, sich tapfer in die eisigen Fluten zu stürzen, wohingegen mich nur spiegelglattes, wannenwarmes Wasser lockt. Also zog ich mir lediglich die Sneakers aus und ging auf dem festen, nassen Sand nach Süden.

Wenn man durch eine eintönige Landschaft streift, fühlt man sich seltsam von Raum und Zeit entrückt. Nach einer oder auch fünf Meilen bemerkte ich hinter ein paar Dünen ein graues Spitzdach und weiße Mauern. Den Fotos nach, die ich gesehen hatte, stand da Hoppers Sommerhaus. Vorsichtig kletterte ich die grasbewachsene Anhöhe hinauf. Drinnen war nirgends Licht, es war offensichtlich unbewohnt. Ich spähte durch ein kleines, mit Spinnweben verhangenes Fenster neben der Seitentür. Das Haus stand vollkommen leer. Von gegenüber fiel Nachmittagslicht durch ein Fenster ein, sodass ein goldenes Rechteck auf dem blanken Holzboden leuchtete. In einem poetischen Zirkelschluss hatte Hoppers eigenes Haus die typische Hopper'sche Ortlosigkeit entwickelt. Es fehlte ihm die menschliche Präsenz, die einem Ort seine Ortsgebundenheit gibt.

Beim Blick durchs Fenster fiel mir auf, dass die Szene einem von Hoppers letzten Bildern ähnelte: *Sun in an Empty Room*. Auch dort fällt das Sonnenlicht durch ein offenes Fenster und ergießt sich schräg über Teile von Wand und Boden. Er hat es 1963, vier Jahre vor seinem Tod, gemalt. Zimmer und Gemälde erscheinen nun wie Prophezeiung und Erinnerung zugleich. Nach dem lebenslangen Versuch, das Wesen von Einsamkeit und Leere zu artikulieren, scheint Hopper es hier, anders als in seinen früheren Dioramen, auf seine konzentrierteste Form reduziert zu haben. Die Abwesenheit ist absolut. Laut Mark Strand ist *Sun in an Empty Room* „... die Vision einer Welt ohne uns, nicht bloß ein Ort, der uns ausschließt, sondern ein Ort, der von uns geleert ist."

Hoppers berühmteste Gemälde sind jeweils ein ganzer Film in einem einzigen Bild, das eine Geschichte erzählt, die Charaktere schildert und einen Bogen vom Anfang bis zu ihrem Ende schlägt. Doch *Sun in an Empty Room* ist ein Bild, in dem sich nichts abspielt. Es zeigt eine Szene, in der das Zeitliche so stark komprimiert wurde, dass es aufhört zu existieren. Im Ergebnis läuft weniger ein Film ab, als dass ein banaler Raum – die sonnenbeschienene Ecke eines leeren Zimmers – dem Betrachter plötzlich seine ihm eigene außergewöhnliche Schönheit und sein Wesen offenbart, ganz als hätte dieser ein wie durch Psychedelika herbeigeführtes erweitertes Bewusstsein.

Ich ging zum Strand zurück und so lange weiter, bis kein Zeichen der Zivilisation mehr zu sehen war. Im noch warmen Sand legte ich mich hin und starrte in den Himmel mit den ersten fernen Sternen. Die Wellen rollten heran, bauten sich auf und brachen in endloser rhythmischer Folge, als bliebe eine Schallplatte stets wieder hängen. Und auch Zeit und Raum schienen sich immer wieder auszudehnen und abrupt zusammenzuziehen.

Ich ging zum Parkplatz zurück. S. saß dösend im Auto, war aber sofort hellwach, als ich einstieg. „Ich bin am Verhungern", sagte sie und stellte ihren Sitz gerade. „Hattest du dich verlaufen?"

Wir fuhren nach Truro. Schon jetzt, am frühen Abend, wirkte der Ort nicht idyllisch, sondern wie ausgestorben. Licht aus leeren Läden flutete auf leere Straßen. Wir folgten der Route 6 weiter nach Norden, vorbei an entzückenden handbemalten Holzschildern, die für Bed & Breakfast, Zimmer mit Meerblick und private Cottages warben. Ich verwarf alle als uninteressant, wenig einladend oder unansehnlich (was implizit natürlich hieß: unerschwinglich). Bis am Rand der Zivilisation in der Ferne eine Neonreklame flackerte: BREAKWATER MOTEL – Kabelfernsehen – Klimaanlage – Freie Zimmer. Genau so etwas hatte ich gesucht: ein archetypisches, um einen Parkplatz herumgebautes einstöckiges Motel. Relikt aus einer anderen Zeit, mit der Aura nicht genau zu benennender bedrohlicher Gewalt. Sofort behauptete ich, es wirke charmant und wie aus einem Kinofilm.

In der überbelichteten Lobby saß eine korpulente Frau an der Rezeption, den Blick auf einen kleinen flimmernden Fernseher an der Wand geheftet.

„Hi", sagte S. „Wir suchen ein Zimmer, nur für eine Nacht."

Die Frau löste die Augen vom Bildschirm und sah S. an, dann mich, dann wieder S. Im Tempo eines Tiefseetauchers drehte sie sich um und nahm einen Schlüssel aus einer Holzschublade. Über uns quirlte ein Deckenventilator quietschend die dicke Luft. Sie ließ den Schlüssel in S.' Handfläche fallen. Er hatte einen Anhänger: eine orangefarbene Mini-Rettungsweste.

„Zimmer 6“, sagte sie und hob den Blick wieder zum Fernseher. „Check-out bis um zehn.“

Wir fanden das Zimmer und ließen unsere Taschen auf das durchgelegene Bett fallen, dann machten wir uns zu Fuß auf die Suche nach Abendessen. In Amerika nutze ich jede Gelegenheit, um zu Fuß zu gehen – ein kleiner selbstgerechter Akt der Auflehnung gegen eine Nation, die jeden Meter fährt. Wir kehrten ins erste Lokal ein, an dem wir vorbeikamen, und landeten so im HOT L Bar and Grille. Es hieß einmal Hotel Bar and Grille, erzählte uns der junge Kellner nicht ohne Stolz, als er uns an einen Tisch führte, doch eines Tages sei das E in der Leuchtreklame durchgebrannt und man habe, anstatt die kaputte Röhre zu reparieren, einfach diese Schreibweise übernommen. Wir saßen an einem großen Fenster, das eine spektakuläre Aussicht auf besagtes Neonschild bot. Nach einem Blick auf die Speisekarte bestellten wir zwei New-England-Lobster mit Pommes, einen Kartoffelsalat und dazu Überraschungscocktails, die Spezialität des Hauses.

Dröhnende Countrymusik beschallte das Lokal. Ein paar Tische weiter saß ein Paar mittleren Alters im Denim-Partnerlook, sonst war der Laden leer. Die Holzstühle der beiden wirkten viel zu winzig und zerbrechlich für ihre Körper. Offenbar stritten sie sich. Da S. gerade versuchte, sich mit dem Messer als Spiegel etwas aus den Zähnen zu pulen, entging ihr das Drama, das sich hier entfaltete. „Ich mach's nicht noch mal“, nölte der Ehemann und starrte bockig in seine Handfläche. „Du hast es aber versprochen, Craig“, knurrte die Frau. „Wir haben das, verdammt noch mal, schon *hundert Mal* durchgekaut.“

Unser Kellner kam mit zwei riesigen, halbierten knallorangefarbenen Lobstern, die vor Saft trieften. S. starrte sie an wie ein ausgehungertes Kind. Mit schamloser Gier verschlangen wir unser Essen und bekleckerten dabei alles mit der klebrigen, glänzenden Flüssigkeit. Dann zahlten wir die Rechnung und watschelten mit dicken Bäuchen stöhnend durch die stille Dunkelheit ins Motel zurück.

Vor dem Zimmer neben uns saßen zwei Männer, rauchten Zigarren und tranken Bier. In ihre Klappliegestühle zurückgelehnt, betrachteten sie den leeren Parkplatz, als sei er das Meer bei Sonnenuntergang. Das Licht aus ihrem Zimmerfenster beleuchtete sie von hinten, sodass ihre Gesichter nicht zu erkennen waren und sie lange Schatten warfen.

„'n Abend", nuschelte eine Stimme aus der Dunkelheit.

S. fummelte mit dem Schlüssel herum, als ob sie betrunken wäre. Endlich ging die Tür auf, sie taumelte hinein und ließ sich aufs Bett fallen. Ich blieb im Eingang stehen und suchte nach einem Lichtschalter.

„Trink' ein Bier mit uns", sagte eine monotone andere Stimme. Noch bevor ich eine Entschuldigung stammeln konnte, war einer der Männer bereits ins Zimmer gegangen und holte einen weiteren Liegestuhl. Der andere griff in eine Kühltasche und nahm eine Dose Miller Light heraus, die er verblüffend elegant einhändig öffnete – eine Geschicklichkeit, die er sich durch tausendmalige Wiederholung angeeignet hatte. Ich nahm die beschlagene Dose und setzte mich, dann starrten wir zu dritt in die samtschwarze Nacht. Es war schwül, und der Geruch nach Zigarrenrauch und fauligem Seetang lag schwer in der stehenden Luft. Eine einzelne Straßenlampe in der Parkplatzmitte illuminierte golden einen Kreis auf dem Asphalt. In diesem Moment fühlte ich mich, als wären wir Zuschauer und warteten darauf, dass die Theatervorstellung begann, weshalb wir schweigend unser Bier tranken und erwartungsvoll zur Bühne starrten.

„Himmel, ich liebe diesen Ort", sagte die Stimme rechts von mir. „Ich komm schon seit dreißig Jahren her."

„Kann ich gut verstehen", antwortete ich völlig aufrichtig.

Ich stellte mir vor, wie ich in dreißig Jahren hier sitzen würde, nicht mehr ein einfacher Gast, sondern eine uralte Formation in der sich nie verändernden Motel-Landschaft. „Nach einigen Reisen um die Welt interessiert mich nur noch das Banale“, sagt der namenlose Erzähler in dem Film *Sans Soleil – Unsichtbare Sonne.* Nachdem diese Männer dreißig Jahre lang immer wieder nach Cape Cod gekommen waren, war dieses Motel zu ihrem Urlaubsdomizil geworden – Epizentrum ihrer idealisierten Welt. In ihrer Gegenwart schmolz jegliches Unwohlsein dahin, das mir die Stille bereitet hatte. Der Sommer war schon fast vorbei und das Motel beinahe leer. Oder vielleicht war es auch immer so. Ich stellte fest, dass ich eine neue Bierdose in der Hand hielt, obwohl die andere noch fast voll war.

Eine Spontanversammlung von Motten und anderen fliegenden Insekten tanzte flirrend im Licht der Straßenlampe, und ich dachte an Joseph Roth, der über sein Leben in europäischen Hotels vor dem Zweiten Weltkrieg geschrieben hatte. „Ich bin ein Hotelbürger, ein Hotelpatriot“, behauptete er 1929. „Und wie andere erfreut ihre Bilder wiedersehen mögen, ihre Teller, ihre Löffel, ihre Kinder und ihre Bibliotheken, begrüße ich die billige Tapete, das schimmernde, unschuldige Porzellan der Schüssel, die weißen, metallenen, blinkenden Hähne der Wasserleitung und das weiseste aller Bücher: das Telephonbuch.“ Wobei Roth hier kein bestimmtes Hotel beschreibt, eher eine Art Collage oder ein Traumbild.

Hotels und Motels schaffen eine Illusion von Heimat, während sie zugleich das Gefühl der Heimatlosigkeit verstärken. Man könnte dies als Hotelversprechen der Übermoderne bezeichnen; der französische Anthropologe Marc Augé nennt solche Transiträume – Motels, Flughäfen, Tankstellen, Supermärkte etc. – „Nicht-Orte“. Es sind monofunktionale Flächen für den Konsum, die wir vorwiegend passieren, um woanders hinzugelangen, und keine Destinationen an sich. Dort nehmen wir dann die anonyme Nicht-Identität eines „Reisenden" an, werden Fremde in einer merkwürdig vertrauten Welt. Als „eine Passage von einem Ort an einen Nicht-Ort" hat Geoff Dyer die Hotellobby beschrieben. Nach dem Ritual des Eincheckens folgt das Überreichen des Identitätsnachweises. „... man lässt seine Herkunft zurück, die niemanden interessiert. Alles wird bedeutungslos, ob man zusammengehört oder Namen hat, die nicht zusammengehören."

Vielleicht ist es genau diese Ort- und Zeitlosigkeit, die Hotel- und Motelzimmer dazu prädestinieren, temporärer Schauplatz der beiden wesentlichen Schwellenmomente des Lebens zu sein: Sex und Tod. Chet Baker, John Belushi, Oscar Wilde, Michael Hutchence, Janis Joplin, Coco Chanel, Walter Benjamin, Joseph Roth und unzählige andere checkten in Hotelzimmern ein, um aus dem Leben zu scheiden.

Am nächsten Morgen saßen wir, für uns selbst überraschend, in einem charmanten Diner – einer geschäftigen Kakophonie aus schepperndem Porzellan und lauten Gesprächsfetzen. Vage erinnerte ich mich, wie ich S. noch am Abend zuvor versichert hatte, dass ich eine Woche lang keinen Bissen mehr herunterbringen würde. Und doch hörte ich mich – mit Erstaunen und Erschrecken – eine große Portion Pfannkuchen bestellen. S. saß mir mit ausdrucksloser Miene gegenüber, auf der Nase eine riesengroße Sonnenbrille mit mehreren Dioptrien, die sie unter dem Vordersitz des Buick gefunden hatte. Meine Nöte schienen sie völlig kalt zu lassen.

„Könntest du sie bitte absetzen?", fragte ich. „Damit erschreckst du alle zu Tode."

Die Kellnerin brachte die Pfannkuchen und goss uns schweigend lauwarmen, dünnen Kaffee ein. Sie war Ende fünfzig, hatte struppiges blondes Haar und ein verblasstes Tattoo auf dem Unterarm – eventuell besagte es *saved.*

„Wie heißt dieser Ort", fragte ich sie, obwohl ich die Antwort kannte. Aber ich wollte ihre Stimme hören, und tatsächlich war sie dann so weich und glockenhell, wie ich gehofft hatte.

S. zog den Teller mit den Pfannkuchen zu sich hinüber.

„Wusstest du, dass die Kartografen früher erfundene Orte auf ihre Karten eingezeichnet haben", fragte sie mit vollem Mund.

„Aus Jux?"

„Nein, als eine Art geheimes Wasserzeichen, damit sie im Streitfall ihre Urheberschaft beweisen konnten. Sie nannten sie ‚Papierstädte'. Obwohl es nicht immer Städte waren, manchmal auch Straßen oder Berge oder andere Orientierungspunkte, die es gar nicht gab."

„Interessant."

„Ja. In den 1930er-Jahren haben zwei Kartografen aus ihren Namen ein Anagramm gemacht und eine Stadt namens Agloe erfunden. Sie fügten sie in ihre Karte von New York State ein, zwischen Orten, die es wirklich gab. Einige Jahre nach dem Erscheinen der Karte entdeckte man Agloe auf der Karte eines Konkurrenzverlags."

„Der damit überführt war", sagte ich und holte mir meinen Pfannkuchenteller zurück.

„Nein. Eigenartigerweise konnte dieser Verlag vor Gericht beweisen, dass es Agloe tatsächlich gab. Dort, wo Agloe eingezeichnet war, stand der Agloe General Store. Also wurde die Klage zurückgewiesen, denn der Laden machte Agloe zu einem realen Ort."

„Soll das heißen, jemand hat einen Gemischtwarenladen gebaut und ihn nach dem Namen auf der Karte benannt, ohne zu wissen, dass der nur erfunden war?"

„Ja, genau."

„Huch“, sagte ich und lockerte meinen Hosenbund. „Als hätte der Akt der Benennung eine Art dünne Membran zwischen Fiktion und Wirklichkeit zerrissen.“

„Genau. Und Agloe behauptete seinen Platz in der realen Welt sogar noch, als es den Gemischtwarenladen gar nicht mehr gab. Man fand es bis in die 1990er-Jahre auf Landkarten und noch bis vor kurzem in Google Maps.“

„Das heißt also, dass aus einem erfundenen ein realer Ort und dann wieder ein erfundener Ort geworden ist“, überlegte ich.

„Als wären Karten nicht die Darstellung der Welt, sondern eine Anleitung, diese zu erschaffen. Gewöhnlich glauben wir, dass es immer von der Realität hin zur Darstellung geht, aber in seltenen Fällen ist es vielleicht genau andersherum.“

„Als wären Karten nur Illusionen von der Realität.“

„Ja“, nickte S. „Die dreidimensionale Welt wird auf magische Weise in zweidimensionale Form gebracht.“

Wir saßen wieder im Wagen und fuhren nach Süden. Durchs Seitenfenster sah ich Tankstellen, schäbige Motels und Diner, Werbetafeln für Kredite, Gebrauchtwagenhändler und halbfertige Wohnblocks in einem endlosen Strom an mir vorüberziehen. Sie blinkten ihre Mitteilungen mit Leuchtreklamen in die Welt, augenfällig wie blühendes Unkraut in Ruinen städtischen Verfalls. Man sah auch noch nach all den Jahren sofort, warum es Hopper nach Cape Cod gezogen hatte. Hier zeigte sich ihm ein Amerika, das für andere unsichtbar war, das man jedoch heute unmöglich anders als mit seinen Augen sehen konnte. „Der Anblick einer asphaltierten Straße in der brütenden Mittagssonne“, schrieb Hopper. „Autos und Lokomotiven auf gottverlassenem Bahngelände, strömender Sommerregen, der mit hoffnungsloser Langeweile einhergeht, die rohen Betonwände und Stahlkonstruktionen moderner Industriebauten, hochsommerliche Straßen mit dem beißenden Grün kurz geschnittener Rasenflächen, die staubigen Fords und glänzenden Filmwelten – das ganze schwüle, geschmacklose Leben der amerikanischen Kleinstadt, und hinter allem die traurige Trostlosigkeit unserer Vorstädte."

Könnte es also sein, dass Hoppers Tankstelle gar keine bestimmte Tankstelle darstellt, sondern eine aus vielen Eindrücken zusammengesetzte Collage ist? Oder ein Traum? Ähnlich wie Joseph Roths Hotel?

Immerhin ist Hoppers Stilmerkmal die Ortlosigkeit. Es schien mir absolut passend, ja geradezu folgerichtig, dass es Hoppers Tankstelle nur auf seiner Leinwand gab.

Abrupt bog S. ab und hielt an einer rot-weißen Mobil-Tankstelle, einem futuristisch wirkenden, glänzenden Gebäude aus Acryl und Beton.

„Ich glaube kaum, dass sie das ist", sagte ich mit unverkennbar ironischem Unterton.

„Das Auto braucht Benzin. Und ich Koffein."

Wir hielten neben einem überdimensionierten Wohnwagen, an dem Fahrräder, Angelruten und neonfarbene Schwimmhilfen hingen wie Christbaumschmuck an einer Tanne. Während S. tankte, umrundete ich das Fahrzeug, dessen Heck mit Aufklebern zugepflastert war, die Obama verunglimpften, die Armee unterstützten und Ähnliches. In der klimatisierten Tankstelle schlenderte ich an Regalen mit Schokoriegeln, Motoröl und Plastikflaggen vorbei zu einer Eistruhe, über der eine vom vielen Gebrauch zerknitterte und ein bisschen durchlöcherte Straßenkarte von Massachusetts an die Wand gepinnt war. Den Standort der Tankstelle markierte eine irgendwie brutal wirkende große rote Reißzwecke. An der Kasse nahm ich spontan noch eine aktuelle Straßenkarte von New England mit. Im Auto suchte S. nach einem Radiosender, und ich war erleichtert, dass sie nicht „spurlos verschwunden" war.

„Wohin jetzt?", fragte sie und blinzelte in die Nachmittagssonne.

„Noch mal zum Strand fahren und dann zurück nach Hause."

„Was ist mit Hoppers Tankstelle?"

„Egal. Ich bezweifle, dass es sie jemals gab. Falls doch, existiert sie nicht mehr, oder sie ist die Mühe nicht wert. Zumindest ist sie mir jetzt schnuppe."

Ich entfaltete die jungfräulich glänzende, verheißungsvolle Karte von Neuengland.

„Das Gefühl, immer weiterzufahren, ist für mich von größter Bedeutung. Du weißt, wie schön die Dinge sind, wenn man reist." Ich trank einen Schluck Kaffee.

„Das klingt ziemlich manieriert", sagte S.

„Ich habe Hopper zitiert."

Dann las ich ihr mit Blick auf die Karte langsam die Namen verschiedener Kleinstädte vor. „In Maine gibt es ein Mistake Island. Lass uns dort hinfahren!"

„Ein Insel-Irrtum", lachte S. und startete gefühlvoll den tief dröhnenden Motor. „Das muss eine Papierstadt sein."

Auf der Heimfahrt dachte ich über Hoppers Tankstelle und die zukünftigen Pilger nach, die dorthin reisen würden, wo auch immer sie gewesen sein mochte. Nach einiger Zeit würde eine Erinnerungstafel verkünden: „Einst stand hier die Tankstelle, die Edward Hopper als Vorlage für sein ikonisches Gemälde *Gas* diente." Sie würden das nur noch von Unkraut und Sträuchern überwucherte Fleckchen Sandboden fotografieren und sich dabei das schlichte weiße Häuschen mit dem kleinen, kahlen Tankwart vorstellen. Und dabei vielleicht, ganz kurz, die Präsenz eines Raumes spüren, der mit der Erinnerung an einen bestimmten Ort aufgeladen ist.

• 43° 49' 00" N
• 64° 47' 00" W

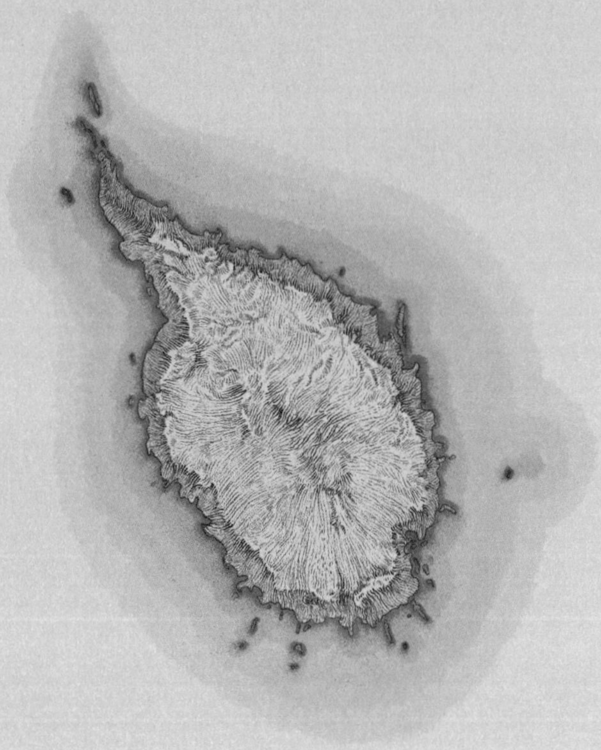

Little Hope Island

Little Hope Island (Wenig-Hoffnung-Eiland), Nova Scotia, Kanada

MAN KÖNNTE VIELLEICHT irrtümlich annehmen, Little Hope sei die kleine Schwester einer anderen Insel, von Hope oder gar Big Hope. Aber nein. Verwunderlich ist allerdings, wie sich ein so winziges Eiland – kaum mehr als ein größerer Steinhaufen, den man in knapp einer Minute zu Fuß überqueren kann – einen derart üblen Ruf als Schiffbruchfelsen erwerben konnte. 1866 entschied die Regierung von Nova Scotia schließlich, nun sei es genug, und stattete das Inselchen mit einem Leuchtturm samt kleinem Häuschen für seinen Wärter und einem Vorratsschuppen aus. Mit diesen drei Minibauten war die Insel ziemlich vollgestellt und bot einen bizarrmärchenhaften Anblick.

Kurz nach ihrer Fertigstellung schrieb 1873 die Zeitung *Canadian Illustrated News:* „... man kann sich leicht vorstellen, wie ein Saxby-Hurrikan mit seiner Flutwelle dieses einsame Inselchen mitsamt Leuchtturm, Leuchtturmwärter, seiner Frau und allem übrigen vom Antlitz dieser Erde spült", und regte dann an, dass „ein Leuchtturmwärter auf solch abgelegenem Posten gut entlohnt werden sollte."

Leuchtturmwärter: Welch anderes Wort beschwört so unweigerlich das Bild romantischer Melancholie herauf? Wir sehen eine Sandsteinklippe oder ein windgepeitschtes Eiland vor uns, auf dem ein weißer, einsamer Zylinder den unablässig anbrandenden Wellen trotzt. Sein silberner Lichtstrahl durchschneidet das Dunkel der Nacht wie eine Klinge einen schwarzen Samtvorhang. Drinnen sitzt der Wärter, umgeben von einfachen Dingen: ein Stapel abgegriffener Bücher, eine halb leere Whiskyflasche. Das warme Licht einer flackernden Kerze bescheint sein bärtiges Gesicht. Die Holzpfeife in der kräftigen, wettergegerbten Hand hat er vielleicht, wie viele andere, in zahllosen Nächten aus dem Treibholz geschnitzt, das Winterstürme an den Strand geschwemmt haben. In anderen Nächten wiederum mag er bei Laternenlicht Gedichte geschrieben haben, obwohl sie nie jemand lesen wird.

Dass Leuchtturmwärter als geheimnisvolle, weise Einsiedler gelten, geht auf die Legende vom Heiligen Venerius zurück, der sich um 610 aus seinem Kloster auf die kleine italienische Insel Tino zurückzog. Dort hatte er in mondlosen Nächten Feuer zur Orientierung für die Seeleute entzündet, weshalb er als Schutzpatron der Leuchtturmwärter verehrt wird. Fromme Eremiten und auch Eremitinnen wie er fristeten ihr einsames Leben gern in einer Zelle, die zu

einer Kirche oder einem Kloster gehörte. Doch während des 18. Jahrhunderts war es bei reichen britischen Adligen eine Zeit lang auch sehr beliebt, sich einen Einsiedler in den Garten zu holen, der dort in einer kleinen Hütte oder einem Unterstand hauste und sich zum voyeuristischen Vergnügen der Gäste oft wie ein Druide kleidete. Er war aber nicht nur skurriles Gartenornament, sondern repräsentierte ein hochgeschätztes viktorianisches Gefühl – die Melancholie. Menschen, die den Zustand feierlicher Kontemplation zur Schau trugen, galten den Adligen als edle Zeitgenossen, und genau das sollten ihre Eremiten verkörpern. Dafür bekamen sie zu essen, eine Unterkunft und gelegentlich auch ein geringes monatliches Salär. Ihr geheimnisumwobener Lebensstil und die quasi-religiöse Anmutung verliehen ihnen eine mystische Aura, weshalb man von ihnen oft spirituellen Rat erbat.

Als es dann immer mehr Leuchttürme an den Küsten gab, wuchs deren Beliebtheit bei Eremiten, denn dort konnten sie sich von der Gesellschaft zu-

Raphaël Sadeler I., *Der Heilige Venerius von Tino als Einsiedler*, 1598
(Nr. 21 der Einsiedler-Folge nach de Vos).
Bild mit freundlicher Genehmigung des Fine Arts Museum of San Francisco.

rückziehen und kamen in unmittelbare Berührung mit der Natur.

Knapp hundert Jahre lang diente Little Hope Island als Heimat für elf einsame Männer. Alan Langille, der von 1927 bis 1945 dort lebte, sticht vielleicht am meisten heraus. Zuerst wohnte er dort noch mit Familie, die ihn aber nach vier Jahren abgeschiedenen Insellebens zugunsten der Zivilisation verließ. Langille war jedoch keiner, der leicht aufgab. Und während die Welt in Wirren versank, blieb Little Hope eine Insel außerhalb der Zeit. Historische Ereignisse schienen auf einem entfernten Planeten stattzufinden: Lindberghs Alleinflug über den Atlantik, die Entdeckung von Pluto und des Penicillins, der Börsenkrach, die Kernspaltung, das Ende der Prohibition, die Erfindung des Cheeseburgers, die Gründung der Anonymen Alkoholiker, der Einmarsch der Deutschen in Polen. In Frankreich wurden Höhlenmalereien aus der Steinzeit entdeckt, die Japaner griffen Pearl Harbour an, der D-Day fand statt, Deutschland kapitulierte, Amerika warf Atombomben auf Hiroshima und Nagasaki, der erste Computer wurde gebaut – und dann kehrte Alan Langille nach 18 Jahren in eine Welt zurück, die eine ganz andere geworden war.

1945 wurde der Leuchtturm auf Little Hope automatisiert, womit eine fast hundertjährige Ära der Leuchtturmwärter zu Ende ging. Heute sind Leuchttürme und ihre menschlichen Wärter allüberall auf der Welt eine gefährdete Spezies. Jahr für Jahr führen Fortschritte in der Kartierung und bei den Navigationsmöglichkeiten zu einem Rückgang dieser Monumente der alten Welt. Aufgrund jahrzehntelanger Vernachlässigung verfiel der Leuchtturm von Little Hope zu einer Ruine. Als nach einem Wintersturm im Dezember 2003 ein Fischer aus Nova Scotia übers Meer zum Horizont blickte, sah er zu seiner Bestürzung nur noch eine ununterbrochene Linie: Der Leuchtturm von Little Hope existierte nicht mehr.

Little Hope Island im Jahr 1947.
Bild mit freundlicher Genehmigung von Ken Burrows.

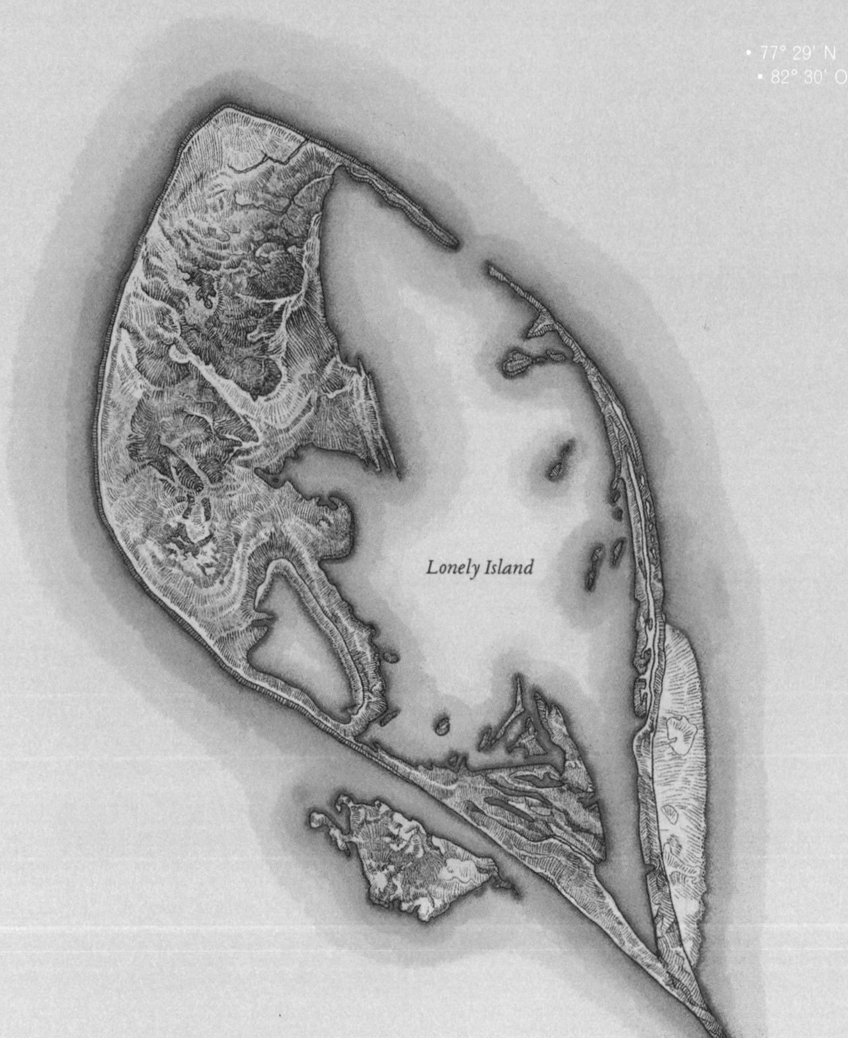
• 77° 29' N
• 82° 30' O
Lonely Island

Einsamkeit, Karasee, Russland

„EINE INSEL“, schreibt der amerikanische Wissenschaftshistoriker D. Graham Burnett in seinem Essay *On the Monstrosity of Islands* (Über die Ungeheuerlichkeit von Inseln), „ist ein Stück Erde, das dem Festland die Treue gebrochen hat. Daher fragt man sich natürlich besorgt, wie es um die Zuverlässigkeit und den guten Willen dieser Landformen bestellt ist, die sich so demonstrativ aus der geografischen Solidargemeinschaft verabschiedet haben. Die Beklemmung, die einen angesichts dessen beschleicht, könnte mit ein Grund dafür sein, dass Literatur, die von Verrat, Einsamkeit, Wahnsinn und Verzweiflung handelt, so häufig auf Inseln spielt.“

Mitten in der Karasee, Hunderte Kilometer nördlich des Polarkreises, liegt eine Insel im Dauerfrost. Den Großteil des Jahres ist dieser winzige Felsen, zwischen driftendes Packeis gezwängt, unter einer Decke aus Eis und Schnee begraben, sodass Meer und Insel scheinbar eine einzige erstarrte Landmasse bilden. Bitterkalte arktische Winde fegen darüber hinweg und formen eine eisige, lebensfeindliche Landschaft. Während des kurzen Sommers, in dem die grimmige Kälte ihren Griff ein wenig lockert, kann man dort hungrige Eisbären auf Nahrungssuche beobachten.

Sowjetische Briefmarke von 1967 mit Science-Fiction-Motiv.

Als der norwegische Eismeerfahrer Edvard Holm Johannesen 1878 diese isolierte Felsformation entdeckte, nannte er sie *Ensomheden:* Einsamkeit. Erst 1915 wurde sie von der norwegischen *Eklips* erneut gesichtet, die sich auf der schier aussichtslosen Suche nach der verschollenen Russanow-Expedition befand. Russanow und seine Männer waren zwei Jahre zuvor aufgebrochen, um die Nordostpassage zu durchfahren – und in der Karasee spurlos verschwunden. Anfang der 1920er-Jahre versuchten zwei russische Expeditionen, *Ensomheden* zu lokalisieren, fanden jedoch an der vermeintlichen Position nichts vor. In den folgenden Jahren blieb die genaue Lage der Insel ein Rätsel, was Gerüchte nährte, es handele sich um ein Phantom.

Erst 1933 stieß der Arktisforscher Otto Juljewitsch Schmidt, der 1932 als Erster die Nordostpassage ohne Überwinterung durchquert hatte, an Bord der *Cheliuskin* auf die trügerische Insel. Sie lag achtzig Kilometer nordwestlich der Stelle, die Johannesen 1878 kartiert hatte, und erhielt nun den russischen Namen Ostrov Ujedinenija – Insel der Zurückgezogenheit. Diesmal ließen die Sowjets sie nicht mehr vom Haken und errichteten dort im Jahr darauf eine Wetterstation. Die Glücklichen, die als Besatzung ausgewählt wurden, waren ein Funker und Funktechniker, ein Arzt, ein Zimmermann, mehrere Meteorologen, ein Hydrologe, zwei Mechaniker, ein Spezialist für Höhenwetterkunde, ein Koch und ein Bediensteter.

Zu Hause im Vaterland brach gerade das Goldene Zeitalter der Sowjetliteratur an. Trotz staatlicher Zensur waren die Schriftsteller äußerst produktiv und experimentierfreudig und beschäftigten sich mit Naturwissenschaften, Forschungsreisen, dem Weltraum, Philosophie und Ethik sowie utopischen und dystopischen Konzepten. Sie nutzten Allegorien von fernen Planeten, Parallelwelten und imaginären Zukunftsentwürfen, um die sozialistischen Utopien zu unterwandern und zu karikieren. Ihre Inseln der Zukunft lagen nicht in den Meeren, sondern im All. In dem 1969 erschienenen satirischen Roman *Die bewohnte Insel* von Arkadi und Boris Strugatzki muss der junge, ein wenig naive Weltraumforscher Maxim Kammerer auf dem unbekannten Planeten Sarraksch notlanden. Er sieht sich als eine Art Robinson Crusoe, gestrandet auf einer Insel mit primitiven, aber freundlich gesinnten Bewohnern. Doch das Idyll trügt. Sein tropisches Eiland ist in Wirklichkeit ein totalitärer Staat, regiert von anonymen Oligarchen, den „Unbekannten Vätern“. Die Bevölkerung lebt in Armut und Elend. Einer ständigen subtilen Gehirnwäsche durch Radiosendungen unterzogen, steht sie dennoch treu zu ihren Unterdrückern.

Die wenigen Berichte über die Insel Einsamkeit sind sehr viel düsterer als jede Science-Fiction-Geschichte. In einem besonders langen Winter ging der Alkoholvorrat auf der Wetterstation zur Neige. Von der Aussicht auf mehrere Monate Nüchternheit zur Verzweiflung getrieben, stellten die Meteorologen sämtliche Vorräte auf den Kopf. Zu ihrer großen Erleichterung stießen sie schließlich auf ein altes Holzfass, das eine stark riechende Flüssigkeit enthielt. Mit der Begeisterung verirrter Wanderer, die dem Verdursten nahe aus der Wüste herausgefunden hatten, stürzten sie beherzt das unappetitliche Gebräu hinunter. Sie feierten und tanzten, ihr Gesang erschallte bis spät in die arktische Nacht. Am Morgen waren die Männer tot. Eine genauere Betrachtung des verblichenen Etiketts offenbarte, dass das Fass Methanol enthalten hatte – vermutlich gedacht als Frostschutzmittel.

An einem Septemberabend 1942 wurde die Einsamkeit von einem deutschen U-Boot angegriffen; es

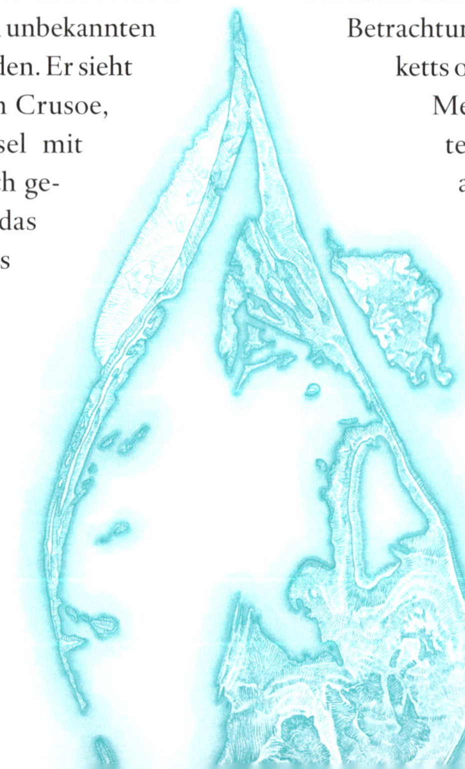

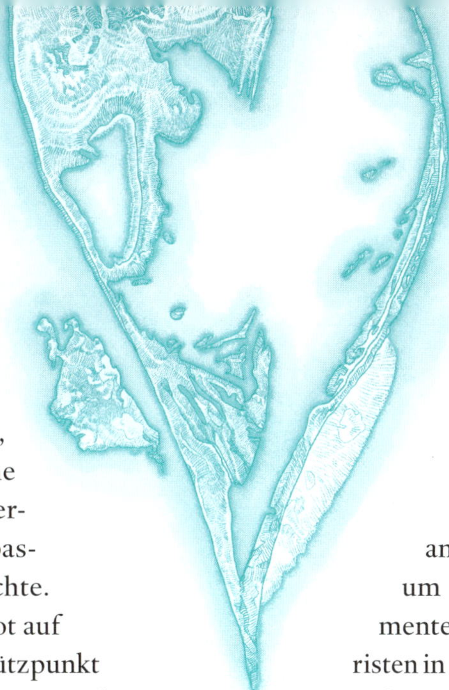

war eine der letzten Kampfhandlungen im Rahmen des „Unternehmens Wunderland“, mit dem die deutsche Marine den Schiffsverkehr auf der Nordostpassage zu stören versuchte. Obwohl sich das U-Boot auf dem Rückweg zum Stützpunkt befand, beschloss der Kommandant, die Wetterstation mit ihrer bereits friedlich schlummernden siebenköpfigen Besatzung unter Beschuss zu nehmen. Rüde geweckt, flüchteten die Unglücklichen im Pyjama in den Schnee hinaus, während der U-Boot-Kapitän, zufrieden mit dem Ausmaß der Zerstörung, seinen Weg fortsetzte. Der Granatenbeschuss hatte vier Radarstationen, die Schlafquartiere der Männer und den Schweinestall zerstört. Außer der gesamten Besatzung gehörten auch zwei Schweine zu den Todesopfern.

Inzwischen leben auf der Einsamkeit keine Menschen mehr. Die Temperaturen, selbst im Sommer selten über dem Nullpunkt, konservieren die Ruinen der Wetterstation wie ein sibirisches Wollhaarmammut. Dosen mit Pfirsichen und Schinken mit nie ablaufendem Haltbarkeitsdatum warten geduldig in den Regalen. Die himmelblau gestrichenen Wände der Kantine zieren tropische Palmen. Von einem Plakat neben der Holztür mit dem Schild „Bar“ blickt das ernste, nachdenkliche Gesicht Lenins in seinem berühmten Seitporträt. Gelegentlich fliegen russische Wissenschaftler in prähistorisch anmutenden Helikoptern ein, um meteorologische Experimente durchzuführen. Wie Touristen in einem verstaubten Museum wandern sie durch das trostlose Diorama und bestaunen die Artefakte ihrer Vorfahren; sie machen Fotos und wühlen sich auf der Suche nach Souvenirs von ihrer Reise in die Vergangenheit durch Haufen mit ausrangierten Gegenständen. Wäre die Einsamkeit nicht real, sie wäre ein großartiges Setting für einen Science-Fiction-Roman. Wie sagte doch Aldous Huxley einmal: „Vielleicht ist diese Welt die Hölle eines anderen Planeten.“

• 51° 28' 51'' N
• 0° 10' 44'' W

World's End (Ende der Welt), London, England

DIE WELT VON König Jakob II. im 16. Jahrhundert muss sehr klein gewesen sein, denn seine kurzen Ausflugsfahrten entlang der King's Road in die Randgebiete Londons erschienen ihm wie eine Reise ans Ende der Welt – so jedenfalls nannte er dieses Gebiet. Der Name blieb hängen, auch als London und die umliegenden Dörfer zusammenrückten, Felder mit viktorianischen Reihenhäusern, Villen und Arbeitercottages bebaut wurden und World's End in den späten 1960er-Jahren zum ärmlicheren Teil von Chelsea wurde, der Heimat von Hippies und anderen Aussteigern. Zu dieser Zeit wurden überall in London Backsteinhäuser abgerissen, um Platz zu schaffen für die modernen Symbole urbaner Armut: die Sozialwohnungstürme. 1963 beschloss der Gemeinderat von Chelsea den Bau des World's End Estate. Das neue Sozialwohnungsprojekt war nur eines von vielen im London der 60er- und 70er-Jahre, die den enormen Wohnungsbedarf der Nachkriegszeit decken sollten.

Der idealistische Anspruch des Architekten, einen „Vororttraum für Menschen, die das Leben genießen" entstehen zu lassen, stand im Widerspruch zum negativen Image solcher Bauten in der Bevölkerung. Letzteres lag zweifellos am Trend zur brutalistischen Architektur, die sich damals rund um den Globus ausbreitete. Als die sieben Wohnblöcke des World's End Estate 1975 fertiggestellt waren, wirkte dieser „Vororttraum" eher wie ein mittelalterliches Gefängnis. Dies war jedoch durchaus beabsichtigt. Die damals aufkommenden Architekturtheorien zum „Defensible Space" (ein „wehrhafter Raum" soll durch bauliche Gestaltungsmaßnahmen Kriminalprävention leisten) befürworteten eine Gestaltung, die auf das verstärkte Auftreten „asozialen Verhaltens" im verdichteten städtischen Wohnraum reagierte.

Das World's End Estate war nur eines von vielen Projekten des New Brutalism, die die Skyline von London prägten – urbane Festungen, errichtet aus Betonplatten, Ziegeln und Glas. Abgeleitet vom französischen Begriff *béton brut* (roher Beton) ging der Begriff Brutalismus für diesen kühnen neuen Trend durch den britischen Architekturkritiker Reyner Banham in den allgemeinen Sprachgebrauch über. Unterstützt von einer Generation junger, umtriebiger Architekten zielte der Stil darauf ab, frischen Wind in den bürgerlichen Mief der Gesellschaft zu bringen. Doch die konservativen Briten verabscheuten die brutalistische Ästhetik wegen ihrer unheimlichen Ähnlichkeit mit Nazi-Festungsbunkern und der utopisch-sozialistischen Architektur des Ostblocks. Unter den Jüngeren, die nicht mehr am Trauma des Zweiten Weltkriegs und der Bedrohung durch die Sowjetunion leiden, erfreut sich der Stil neuerdings wieder größerer Beliebtheit.

In London finden sich zahlreiche Beispiele für Brutalismus: Balfron Tower, Alexandra Road Estate, Robin Hood Gardens und Barbican Estate, um nur einige zu nennen. Das dystopisch anmutende Vorlesungsgebäude der Brunel University diente als Kulisse für Kubricks Film *Uhrwerk Orange*. Am berüchtigtsten ist wohl der 1972 fertiggestellte Trellick Tower alias „Turm des Schreckens". Er wurde von dem ungarischen Architekten Ernő Goldfinger entworfen, nach dem Ian Fleming (zu Goldfingers Ärger) den Bösewicht in einem James-Bond-Roman benannte. Berichte von Messerstechereien, Vergewaltigungen in Aufzügen, Angriffen Heroinabhängiger auf Kinder und Selbstmorde machten regelmäßig Schlagzeilen. Es ging sogar das Gerücht, Goldfinger habe sich, zutiefst verstört von dem Monster, das er geschaffen hatte, vom Dach des Gebäudes gestürzt. (In Wirklichkeit zog er einfach aus.)

Das World's End Estate sticht unter seinen vielen brutalistischen Geschwistern hervor, da seine Betonfassade mit Backstein verkleidet ist – ein Verschönerungsversuch, um die Kritiker zu versöhnen. Viele jedoch empfanden das als Hohn, schließlich hatten ausgerechnet viktorianische Backsteinhäuser für seinen Bau weichen müssen. Und obwohl dieser Wohnblock von der im Trellick Tower herrschenden Zerstörungswut weitgehend verschont blieb, wurde auch er von der Bevölkerung abgelehnt.

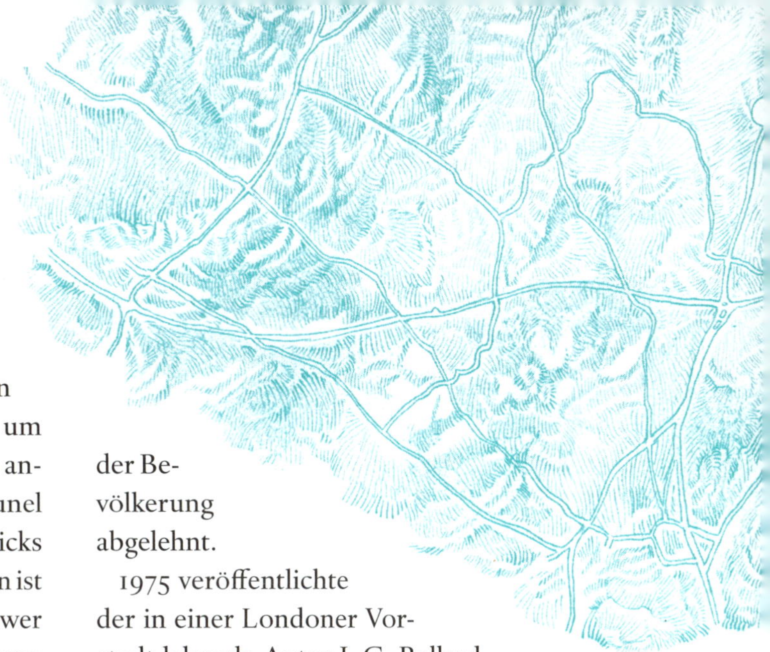

1975 veröffentlichte der in einer Londoner Vorstadt lebende Autor J. G. Ballard seinen Roman *High-Rise* über ein fiktives Hochhaus in London, das sich allmählich in einen dystopischen Albtraum verwandelt, und traf damit einen Nerv. Das Buch verfolgt den gesellschaftlichen Verfall im Gebäude, als triviale Streitigkeiten unter den 2.000 gut situierten Bewohnern sich zu blutigen Auseinandersetzungen und Stammesfehden zuspitzen und letztlich in Kannibalismus und Selbstzerstörung münden. Die Inspiration für sein Buch fand Ballard in seiner Umgebung.

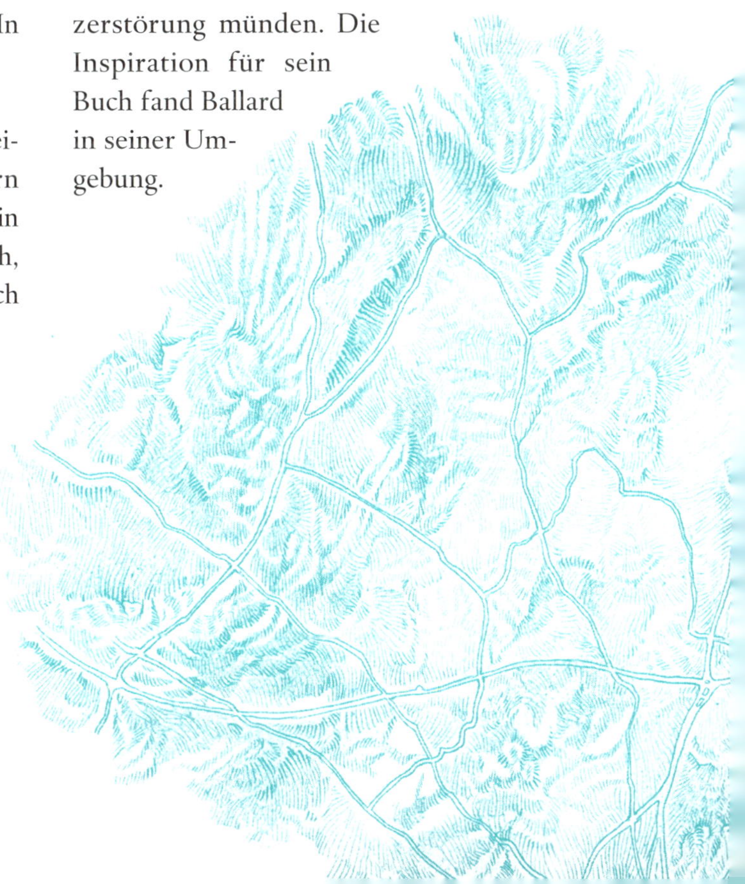

Neben den brutalistischen Gebäuden, die ganz offensichtlich Modell dafür standen, stützte er sich auf eine Reihe verstörender Experimente zu den Themen urbanes Leben und Siedlungsdichte. In den 1960er-Jahren baute der Verhaltensforscher John B. Calhoun am National Institute of Mental Health in Bethesda, Maryland, eine Reihe experimenteller „Mäusestädte", die er „Universen" nannte. Am bekanntesten wurde Universum-25, ein 2,5 mal 2,5 Meter messender quadratischer Kasten mit für Mäuse unüberwindlich hohen Wänden und 256 Nisthöhlen, die Platz für je 15 Mäuse boten. Es war für alles gesorgt: frisches Wasser, ausreichend Futter und Nistmaterial – ein Mäuseparadies. Am ersten Tag wurden vier Mäusepärchen hineingesetzt, die sich rasch vermehrten. Alle 55 Tage verdoppelte sich die Population. Während des kurzen goldenen Zeitalters von Universum-25 lebten die Bewohner in friedlicher Koexistenz. Doch als es zu Überbevölkerung kam und Raum knapp wurde, beobachtete Calhoun verstörende Verhaltensweisen: Jungtiere wurden vernachlässigt, Männchen zeigten aggressives und sexuell überaktives Verhalten, und es kam zu Kannibalismus.

Abgesehen von einer Gruppe männlicher Mäuse, von Calhoun „Schönlinge" genannt, die sich zurückgezogen nur noch dem Fressen, Schlafen und Putzen widmeten und nicht mehr fortpflanzten, wurde Universum-25 von der Utopie zur Dystopie. An Tag 560 erreichte die Population mit 2200 Mäusen ihren Höchststand. Danach gab es kaum noch trächtige Mäuse und auch keine überlebenden Jungen mehr. Universum-25 starb aus. Es braucht nur einen kleinen Gedankensprung, um Parallelen zwischen Universum-25 und dem urbanen Wohnen zu ziehen. Calhoun selbst bestärkte diese Assoziationen, indem er die Nisthöhlen als „Wohntürme" und „Etagenwohnungen" bezeichnete. In den 1960er-Jahren herrschte allgemein die Befürchtung, dass Überbevölkerung zu Nahrungsknappheit, globalem Chaos und dem Aussterben des Menschen führen würde.

Während wir uns womöglich mitten in einem Prozess befinden, in dem die Menschheit sich tatsächlich selbst ausrottet, erlebt der brutalistische Londoner Sozialwohnungsbau eine ganz unerwartete Renaissance. Der Trellick Tower wurde in einer Zeitung als „furchteinflößend, aber modern" bezeichnet und 1998 sogar unter Denkmalschutz gestellt. In *High-Rise* schreibt Ballard, dass „dies eine Umgebung war, die nicht etwa für den Menschen, sondern für seine Abwesenheit gebaut war". Vielleicht gilt dasselbe für die Welt, in der wir leben.

Calhoun in einem seiner Mauseparadiese, 1970.
Bild: Yoichi R. Okamoto, Fotograf des Weißen Hauses.

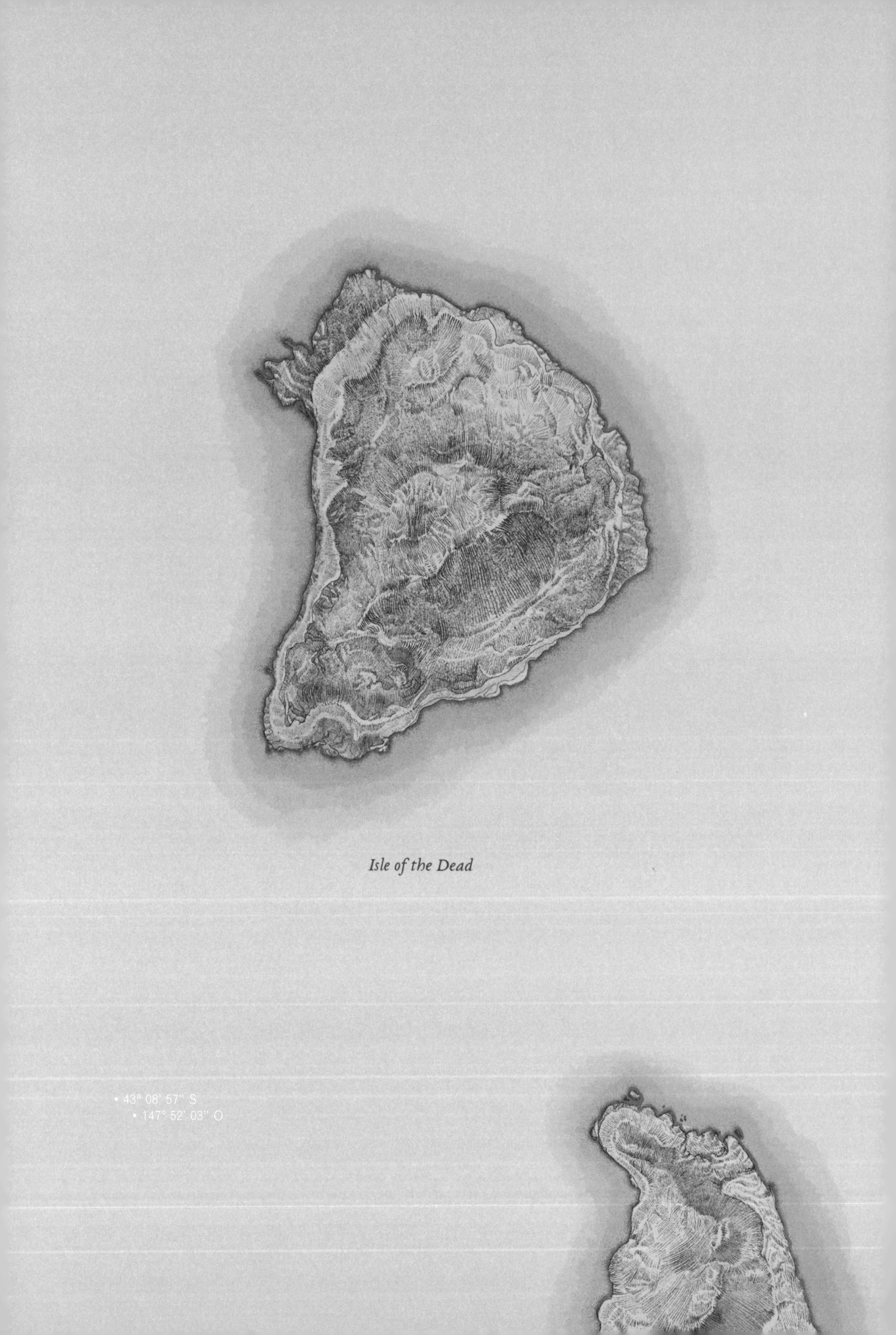
Isle of the Dead
• 43° 08' 57'' S
• 147° 52' 03'' O

Isle of the Dead (Toteninsel), Tasmanien, Australien

Arnold Böcklin, *Die Toteninsel, 3. Version*, 1883.
Alte Nationalgalerie, Berlin.

ZWISCHEN 1880 UND 1886 schuf der Schweizer Maler und Bildhauer Arnold Böcklin in Florenz eine Serie von fünf Gemälden, die ein und dieselbe albtraumhafte Insel zeigen. Der weiße Felsen in Hufeisenform ragt senkrecht in einen düsteren Himmel. In den Stein ist eine Reihe von Grabkammern eingelassen, und im Herzen der Insel bilden unwirklich hohe Zypressen eine dunkle, bedrohliche Masse. Ein Kahn gleitet auf dem stillen Wasser in die kleine Bucht, der Ruderer wendet dem Betrachter den Rücken zu. In der Mitte des Kahns steht ein Passagier, eine von Kopf bis Fuß mit einem weißen Tuch verhüllte Gestalt, vor einem Sarg. Das letzte Licht der untergehenden Sonne lässt den Felsen leuchten.

Jedes der fünf Gemälde unterscheidet sich ein bisschen von den anderen, ganz als hätte Böcklin versucht, einen wiederkehrenden Albtraum nach dem Erwachen en detail festzuhalten und sich dadurch aus dessen Bann zu befreien. Alle Bilder tragen den Titel *Die Toteninsel.*

Böcklin kann nicht geahnt haben, dass die Insel aus seinen Träumen am anderen Ende der Welt tatsächlich existierte. Und dass die Umstände, denen die echte Toteninsel ihre Existenz verdankt, einem Albtraum entsprungen sein könnten, macht das Ganze noch unheimlicher.

Wegen der Überbelegung der britischen Gefängnisse wurden zwischen 1788 und 1868 an die 162.000 Häftlinge in verschiedene Straflager in der neu gegründeten Kolonie Australien deportiert. Gründe für eine Deportation waren Vergehen wie „das Stehlen eines Fisches aus einem Teich oder See“, „das Stehlen von Wurzeln, Bäumen oder anderen Pflanzen“, „heimliche Heirat“ oder mysteriöserweise auch, „sich als Ägypter auszugeben“. Selbst Obdachlosigkeit zählte dazu. Sträflingskolonien waren für ihren grausamen Umgang mit Gefangenen berüchtigt, aber keine war so gefürchtet wie Port Arthur. 1830 wurde die einstige Holzfällersiedlung auf Van-Diemens-Land (wie Tasmanien damals hieß) in ein Gefängnis umgewandelt. Die isolierte Lage erwies sich als perfekt für als aufsässig geltende Kriminelle, die man härter bestrafen wollte. In Port Arthur führte man eine frühe Version der Isolationshaft ein, die auf den britischen Philosophen und Sozialreformer Jeremy Bentham zurückgeht. Das System der Einzelhaft im „Separate Prison" bedeutete eine Abwendung von den üblichen Strafen wie öffentlichen Auspeitschungen hin zur raffinierteren Methode der psychischen Gewalt. „Die Frage ist nicht ‚Können sie denken?' oder ‚Können sie reden?'", so Bentham, „sondern ‚Können sie leiden?'" Bentham war der Ansicht, dass körperliche Strafen den Gefangenen nur weiter verhärteten, während man ihn mit psychischer Folter brechen könne.

Die Unglücklichen, die das Pech hatten, in Port Arthur zu landen, mussten bis zu einem Jahr in Isolationshaft verbringen. Benthams Methode der „stillen Strafe" wurde rigo-

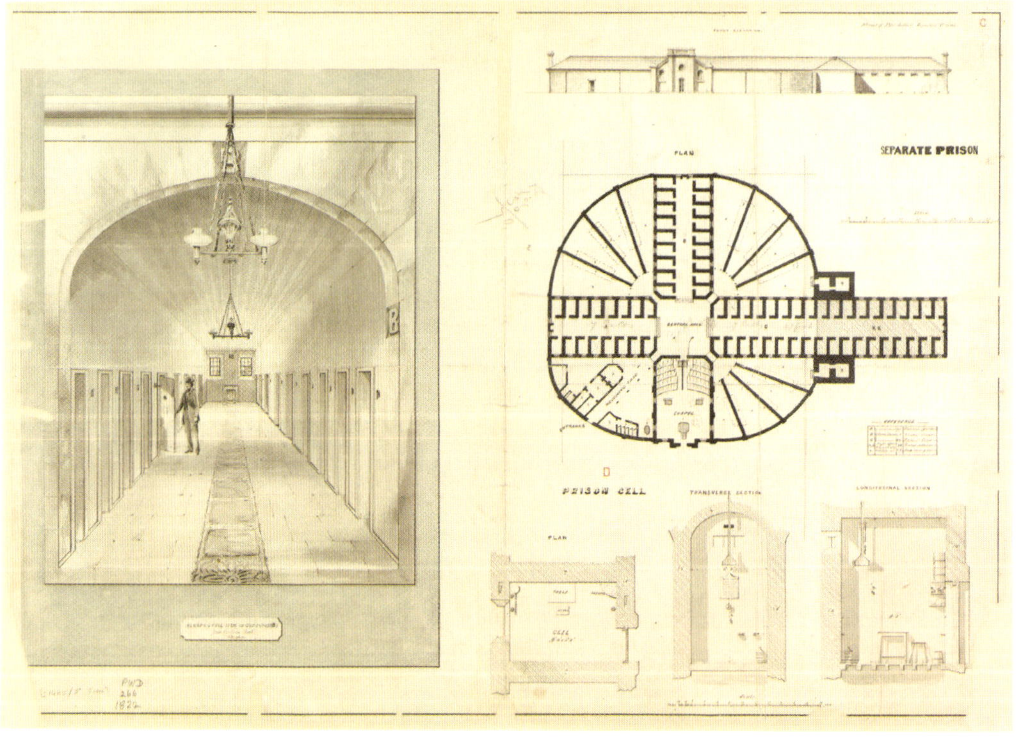

Planzeichnung des „Separate Prison".
Bild mit freundlicher Genehmigung des Tasmanian Archive and Heritage Office.

ros umgesetzt: Jeder Gefangene wurde in einer Einzelzelle mit dicken Steinmauern eingeschlossen, durch die kein Laut drang. Es herrschte absolutes Sprechverbot, die Wachen patrouillierten in Filzpantoffeln und unterhielten sich in Zeichensprache. Der tägliche einstündige Hofgang war dem Gefangenen nur allein und mit einer Kapuze über dem Kopf erlaubt. Einmal die Woche wurden die Häftlinge, wieder mit Kapuzen, in die Kapelle zu voneinander abgetrennten Sitzplätzen geführt. Dieses Abgeschottetsein verursachte bei so vielen Gefangenen psychische Schäden, dass man neben dem Gefängnis eine „Irrenanstalt" baute. Körperliche Gewalt war durch psychische Gewalt ersetzt worden. In gewisser Weise stehen Böcklins Gemälde von der Toteninsel für einen ähnlichen Wandel. Anders als bei explizit grausigen Szenen wie in Artemisia Gentileschis *Judith und Holofernes* von 1614 oder in Goyas schaurigem Meisterwerk *Saturn verschlingt eines seiner Kinder* von 1819 – in dem eine monströse Kreatur einem Kind die Glieder mit den Zähnen ausreißt, als würde sie Stücke aus einem besonders zähen Baguette beißen – ist die Furcht, die Böcklins *Toteninsel* heraufbeschwört, ein eher subtiles, an Hitchcock erinnerndes Angstgefühl. Das Grauen lauert in den Tiefen unseres Bewusstseins, um dann nachts im Schlaf, wenn wir schutzlos sind, hervorzubrechen. „Es soll so still werden, dass man erschrickt, wenn an der Türe gepocht wird", so Böcklins Kommentar zu diesem Bild.

Erstaunlicherweise wurde das „Separate Prison" zum Vorbild für eine Reform des britischen Strafsystems, für eine neue, aufgeklärte Art der Gefangenenbehandlung. Mithilfe von Dunkelheit, absoluter Stille und Isolation wurde ein Umfeld geschaffen, in der sich die Schrecken der Nacht nicht nur äußerlich, sondern auch innerlich abspielten. So wurde das Gefängnis im wahrsten Sinne des Wortes zu einem Albtraum, der die Menschen in den Wahnsinn trieb.

Wie nicht anders zu erwarten, waren die Gefangenen nach einem Jahr Einzelhaft traumatisiert und verstört. Viele starben an Krankheiten wie Ruhr oder Skorbut, wurden von Mithäftlingen umgebracht oder ertranken bei Fluchtversuchen. Um dem Elend des Gefängnislebens zu entkommen, begingen manche sogar Morde – ein Verbrechen, das mit dem Tod bestraft wurde. Die Verstorbenen wurden zur eine Meile entfernten Toteninsel gerudert, ihre Gräber nur kenntlich an Erdhügeln.

Der einzige Bewohner der Toteninsel war der Totengräber, der in einer kleinen Holzhütte hauste. Der erste Totengräber, ein schweigsamer irischer Häftling namens Barron, versah seinen Dienst zwanzig Jahre lang. Nachdem er gestorben und ebenfalls in einem Erdloch verscharrt worden war, trat ein Häftling namens Mark Jeffrey an seine Stelle. Jeffrey fand Trost darin, in täglicher Arbeit sein eigenes Grab auszuheben und liebevoll zu gestalten. Leider sollte er niemals in dieses Grab gebettet werden, denn sein Aufenthalt endete abrupt. Eines Morgens wurden die Wachen von Port Arthur von einem Signalfeuer zur Insel gerufen, wo sie einen völlig aufgelösten Jeffrey vorfanden. Er behauptete, in der Nacht habe eine unsichtbare Macht an seiner Hütte gerüttelt und danach sei ihm der Höllenfürst höchstpersönlich erschienen. Jeffrey weigerte sich, auch nur eine Nacht länger auf der Insel zu bleiben.

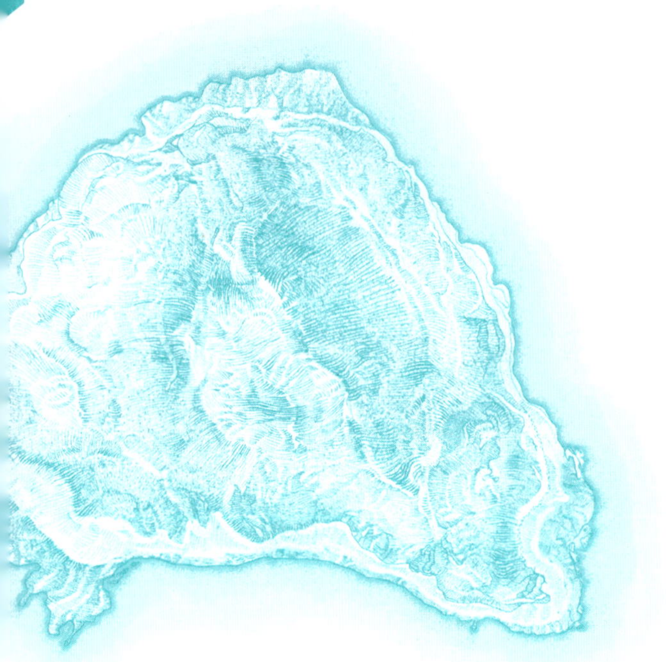

In den 1870er-Jahren besuchte der Schriftsteller George Gruncell mehrmals das Gefängnis und berichtete später in seinem Tagebuch von einem Begräbnis, an dem er teilgenommen hatte. Er beschrieb, wie der Sarg von der Kirche zu einem kleinen Holzkahn getragen wurde, dessen Mannschaft ganz in Weiß gekleidet war. „Das Boot setzte zur Toteninsel über. Das Wasser war spiegelglatt, und die untergehende Sonne warf ihre letzten Strahlen auf die Insel, ließ sie als kühnes, helles Relief gegen den dunklen Hintergrund der fernen Hügel hervortreten … Nachdem der Kahn an einem Felsvorsprung festgemacht hatte, formierte sich eine Prozession, die vom Totengräber angeführt wurde. So begaben wir uns an die Stelle, wo der letzte der Gefängnisinsassen bestattet werden sollte.“

Atlas der Melancholie

Thomas Cole, *Vertreibung aus dem Garten Eden,* 1828.
Museum of Fine Arts, Boston.

„Adel gibt es allein in der Verneinung des Daseins, in einem Lächeln, das über ausgelöschten Landschaften lagert.“
E. M. Cioran, *Lehre vom Zerfall*

Vor einigen Jahren befand ich mich an einem Herbstnachmittag im Museum of Fine Arts in Boston. Es war Sonntag und das Museum rappelvoll. Anscheinend hatten Senioren freien Eintritt, denn analog zur ausgestellten Kunst waren die Besucher durchweg alt und fragil. Gebeugte Körper, aufrecht gehalten durch die unterschiedlichsten Vorrichtungen, bewegten sich in einem quälend langsam mäandernden Strom durch die Räume. Die Luft war zum Schneiden, mit dem Geruch nach Moschus und abgestandenem Schweiß geschwängert und, um mit Joan

Didion zu sprechen: „... einer Stille, die wir von der Vergangenheit erwarten und wünschen.“ Die Chance auf echten Kunstgenuss tendierte gegen null.

Sonnenlicht, in dem Staubkörnchen tanzten, fiel in breiten goldenen Strahlen auf die grauen Steinwände, an denen Ölgemälde Motive aus der antiken Mythologie zeigten. Die Atmosphäre gemahnte eher an eine Kathedrale als an ein Kunstmuseum. Nur in Museen und Gotteshäusern herrscht das unausgesprochene Einvernehmen, dass lautes Lachen oder ungehemmte Begeisterungsäußerungen eine Sünde sind. Zur Strafe für die Störung der geheiligten Atmosphäre sind einem missbilligende Blicke von anderen Besuchern und Wachleuten sicher. Man sollte meinen, dass die radikale Trennung von Kunst und Religion nach der Aufklärung eine ebenso radikale Neubewertung der Kunsterfahrung nach sich gezogen hätte, aber weit gefehlt. Als ich vor einigen Jahren Duchamps *Fountain* in der Tate Gallery of Modern Art in London betrachtete, stand ich zu meiner eigenen Überraschung genau wie alle anderen andächtig vor dem Porzellanurinal, als wäre es eine kostbare Reliquie. Wir wärmten uns an der Aura des Objekts wie eine Gruppe Obdachloser, die sich um eine Feuertonne versammelt hat. Offenbar sind wir so stark von religiösen Normen geprägt, dass wir in Museen freiwillig dasselbe bierernste Verhalten an den Tag legen wie in Kirchen – als verlange die Kunst ebenso strenge Zurückhaltung wie die Religion.

Plötzlich riss mich lautes Weinen aus dem angrenzenden Raum aus meinen unausgegorenen Gedanken. Ich drängte mich durch all das welke Fleisch, um vielleicht tatsächlich auf jemanden zu stoßen, der von einem tiefgreifenden Kunsterlebnis überwältigt war. Vor einer wandgroßen Darstellung Napoleons auf einem weißen Pferd krümmte sich ein beleibter Mann in Wollhosen und hustete sich, ein vergilbtes Taschentuch vor den Mund gepresst, die Lunge aus dem Leib. Enttäuscht machte ich mich auf die Suche nach einer der raren freien Bänke, aber ich kam nicht weit. Ein Trupp älterer Damen mit Audioguides versperrte mir vor einem sorgfältig ausgeleuchteten Ölgemälde den Weg. Wie Trauergäste bei einem Begräbnis traten sie einzeln nach vorne, als würden sie am offenen Sarg dem Geschick des Bestatters Anerkennung zollen.

Nachdem die Frauen weitergegangen waren, sah ich mir das Bild näher an. *Thomas Cole, Vertreibung aus dem Garten Eden, 1828.* Auf der rechten Bildseite ist der Garten Eden in all seiner paradiesischen Pracht dargestellt: Schwäne gleiten im Morgenlicht auf einem See dahin, Rehe tummeln sich in der lauschigen grünen Landschaft. In krassem Gegensatz dazu ist der linke Teil des Gemäldes, das Nicht-Eden, ein einziges Katastrophenszenario, überall Zeugnisse von Tod, Gewalt und Zerstörung. Ein Vulkan speit Feuer und Asche in einen düsteren Himmel, und zwischen von Sturm entwurzelten Bäumen verscheucht ein Wolf zähnefletschend einen Geier von einem Hirschkadaver. Nicht-Eden ist nahezu monochrom, als wäre mit dem Leben auch jegliche Farbe aus dem Bild verschwunden. Im linken unteren Quadranten sind Adam und Eva zu erkennen: zwei winzige, splitternackte Gestalten, hinausgejagt in die verrottende Landschaft. Eva geht mit hängendem Kopf schuldbewusst voran, offensichtlich hat sie es eilig, Gottes Zorn zu entkommen. Sie hat Adam bei der Hand gepackt, der auf das strahlende göttliche Licht zurückblickt; verwirrt und gramerfüllt schlägt er sich gegen die Stirn, als wollte er sagen: „Also jetzt mal ehrlich, was soll der Scheiß?“ Wie ein betrunkener Partygänger empfindet er die Strafe, auf ewig aus dem Club Eden ausgeschlossen zu sein, als furchtbar ungerecht. Diese Welt jenseits von Eden, in die die beiden geworfen werden, ist nicht nur wild und ungezähmt, sondern eindeutig apokalyptisch. Als hätte Gott unsere Vorfahren in eine ferne Zukunft verbannt, in der die Menschen bereits alle natürlichen Ressourcen aufgebraucht, zu viel Kohlendioxid in die Atmosphäre gepumpt und sich mit ihrem eigenen Aussterben abgefunden haben – was bleibt, sind die letzten Zuckungen eines sterbenden Planeten. Das also, dachte ich bei mir, ist der Beginn der Menschheit. Zwei traurige Geschöpfe, verbannt in eine noch traurigere Welt.

Zwei traurige Geschöpfe

Zu meiner großen Enttäuschung gab es im Museumsshop keine Postkarte von dem Gemälde. „Nein", sagte der Mann an der Kasse, ohne aufzublicken, „wir haben es auch nicht als Kühlschrankmagnet, Kaffeetasse oder Schneekugel." Auf der Heimfahrt dämmerte mir ein weiterer Grund, warum wir Menschen der wohlhabenden Welt so oft von einer seltsamen Melancholie befallen werden: Wir sind nicht erhobenen Hauptes aus Eden ausgezogen – nagelneu und bereit, eine frisch geschaffene, herrliche Welt zu bewohnen. Nein, wir sind wimmernd herausgekrochen, vergiftet mit einer solch wirkmächtigen Nostalgie, dass sie sich im Erbgut der gesamten Nachkommenschaft wiederfinden sollte.

Bereits Anfang des 17. Jahrhunderts beschäftigte auch den englischen Schriftsteller Robert Burton diese Überlegung, als er *Die Anatomie der Melancholie* schrieb. „Doch diese edelste aller Kreaturen … ist von ihrer ersten Höhe herabgestürzt … ist … eines der allererbärmlichsten Geschöpfe … Wie sehr ist er von seinem ursprünglichen Stand abgefallen! Selig zuvor, jetzt elend und verflucht … dem Tod verfallen, und Gebrechen oder Schicksalsschlägen aller Art ausgesetzt." Während meines ersten Jahres an der Kunsthochschule stieß ich in einer Secondhand-Buchhandlung auf ein Exemplar der *Anatomie*. Der dicke Wälzer dominierte das gesamte Regal, das erleichtert aufseufzte, als ich es von seiner Last befreite. Das Cover zeigte einen Schädel und eine Sanduhr: archetypische Symbole für den Tod und die Zeit und somit für die Vergänglichkeit – Urgrund der Melancholie. Obwohl ich noch nie von Robert Burton gehört hatte, faszinierten mich der wissenschaftlich anmutende Titel und der abgegriffene Einband. Zwar hatte ich nicht vor, es zu lesen, aber es würde sich hervorragend in meinem Bücherregal machen – neben den ungelesenen Bänden von Deleuze, Foucault, Spinoza und Lacan.

Zu Hause jedoch erschien es mir wirkungsvoller, das Buch in der Nähe meines Bettes zu platzieren. Seine schiere Masse erzeugte eine starke Anziehungskraft, und wenn – was eher selten geschah – ein weibliches Wesen mein Zimmer betrat, würde es somit direkt zu meinem Bett gelenkt. Gelegentlich nahm ich den Wälzer zur Hand, schlug ihn aufs Geratewohl auf und las ein paar Zeilen: „Wo viel Weisheit ist, da ist viel Grämens." „Melancholie kann nur mit Melancholie überwunden werden." „Missfallen Dir meine Schriften, so lies etwas anderes." Ich kann nicht unbedingt behaupten, dass Burtons Weisheiten für mehr Sex in meinem Leben sorgten, aber die bloße Anwesenheit der *Anatomie* half mir dabei, mein sich entwickelndes – und völlig naives – Selbstverständnis als zeitgenössischer Romantiker zu festigen. Ähnlich wie freiwilliger Verzicht auf Besitz, ironisch getragene Kleidung, ein postmoderner Haarschnitt und ein eher harmloser Hang zu erhöhtem Alkoholkonsum ist auch die Melancholie ein entscheidendes Merkmal des hoffnungsvollen Kunststudenten.

In den darauffolgenden Jahren hatte ich Zeit, mich mit dem Buch vertraut zu machen, womit ich nicht sagen will, dass ich es tatsächlich ganz gelesen habe. Erstmals 1621 veröffentlicht, ist *Die Anatomie der Melancholie* Burtons Opus magnum, das in späteren Ausgaben auf bis zu 1400 Seiten angewachsen ist – ein Sammelsurium aus Zitaten, Anekdoten, Beobachtungen, Bestandsaufnahmen, Listen, Heilmitteln, langen Rezitationen lateinischer Dichtung und Abschweifungen, die manchmal aufschlussreich und oft humorvoll sind. Vielleicht gerade weil das Thema so deprimierend ist, nähert sich Burton ihm eher auf spielerische Weise. In der Vorrede bezeichnet er sich als „Democritus Junior" (als Nachfahre des „lachenden Philosophen" aus der griechischen Antike) und erklärt gleich zu Anfang: „Über Melancholie zu schreiben ist meine Art von Beschäftigung, um Melancholie zu vermeiden." Als wollte er sagen: *Ich mache das hier, um mir selbst etwas Gutes zu tun, aber du kannst mich gern dabei begleiten.* Oft schweift Burton ab und sinnt über einen Gedanken nach, der ihm gerade in den Kopf gekommen ist – zum Beispiel, ob auch Teufel auf den Abort müssen –, um sich dann prompt beim Leser für diese Unschicklichkeit zu entschuldigen.

Die Melancholie verweigert sich einer eindeutigen Kategorisierung, entzieht sich jeder einfachen Definition und widersetzt sich schon seit Jahrhunderten hartnäckig philosophischen und wissenschaftlichen Untersuchungen. Sie ist wunderschön, komplex und widersprüchlich. Wörtlich übersetzt bedeutet das Wort „schwarze Galle", vom Griechischen *mélas* (schwarz) und *cholé* (Galle). Von der Antike bis zur Aufklärung glaubte man, dass der menschliche Körper vier Säfte enthalte: gelbe Galle, schwarze Galle, Schleim und Blut. Standen die Leibessäfte im richtigen Verhältnis zueinander, blieb die Person gesund, befanden sie sich jedoch im Ungleichgewicht, wurde der Mensch krank. Die Melancholie, so die Lehre, war auf einen Überschuss an schwarzer Galle zurückzuführen.

Als Burton 1612 die *Anatomie* schrieb, befand sich die westliche Welt an der Schwelle eines radikalen Umbruchs. Die Aufklärung kündigte sich bereits an, und die Themen des Buches bewegten sich im Spannungsfeld zwischen antiquierten religiösen Vorstellungen und den Anfängen naturwissenschaftlicher Anatomie. Burton gab sich nicht damit zufrieden, dass Adams und Evas Obstnascherei der alleinige Grund für das Übermaß an schwarzer Galle im menschlichen Körper sein sollte. In seinem Buch begibt er sich auf eine kuriose Suche nach den Ursachen der Melancholie und findet die Schuld bei so unterschiedlichen Dingen wie Glücksspiel, Ehrgeiz, übermäßigem Studium, Neid, Armut, romantischer Liebe, bösen Geistern, Teufeln, Zauberern und Astrologie oder schlicht im Älterwerden. Die Liebe zählt er zu den wichtigsten Gründen und widmet ihren Qualen gar ein eigenes, umfangreiches Kapitel. „So ist Liebe doch meist eine Plage und eine Qual, eine Hölle“, schreibt er. „Die spanische Inquisition kann's nicht ärger treiben.“

Neben der Liebe betrachtet Burton auch Nahrung als höchst problematisch und möglichst zu vermeiden. Für an Melancholie Leidende empfiehlt er die Robert-Burton-Diät (in ihrer rigorosen Strenge vergleichbar mit der Lichtnahrung, der Kohlsuppen- oder der Zigarettendiät), indem er nahezu alles Essbare ausführlich erörtert und meist rundheraus ablehnt. Die Vorstellung, dass „man ist, was man isst“, nimmt Burton sehr ernst. Nahrung verursache nicht nur Melancholie, sie *enthalte* sogar Melancholie.

Diese Aussage ist wesentlich: Burton deutet an, dass die Melancholie außerhalb der *conditio humana* angesiedelt sei und als eine eigenständige Einheit, als wirkmächtiger Organismus nicht nur Lebewesen, sondern alle Welt, auch Länder und Staatsgebilde befallen könne. Genau dies mache die Melancholie so interessant und unterscheide sie von verwandten Gemütszuständen. Erst die Romantiker und später die trübsinnigen *poètes maudits* (verfemten Dichter) wie Baudelaire, Verlaine und Lautréamont entdeckten in der Melancholie Schönheit und Genie. In unserem Jahrhundert wiederum halten viele die Depression für das zeitgenössische Pendant zur Melancholie und lassen ihre ästhetischen, reflexiven und kreativen Seiten völlig außer Acht, die sie doch so besonders machen. „Depression ist Melancholie ohne deren Charme", schreibt Susan Sontag, während Alain de Botton darauf beharrt, sie sei „definitiv keine Krankheit, die behandelt werden muss." „Die Schwermut ist ein dämmerungshafter Zustand", erklärt Victor Hugo in *Die Arbeiter des Meeres*. „Das Leiden vertieft sich dabei in einer düsteren Freude. Die Schwermut, das ist das Glück, traurig zu sein."

Melancholie ist ins Gefüge der Welt hineingewoben, erwacht jedoch erst durch einen Akt des Bewusstseins zum Leben. Sie muss ausgelöst, aufgedeckt und hervorgelockt werden. Man findet sie konzentriert in der schottischen Landschaft, in den Trompetenklängen Chet Bakers, den Gedichten von Wordsworth, den Stillleben von Pieter Claesz ebenso wie in den leeren Straßen Istanbuls, in den Augen von Vertriebenen, in den Farben des Spätherbsts, im Regen am frühen Morgen und der Lichtstimmung bei Sonnenuntergang. Melancholie zeigt sich auf unzählige Arten, an den verschiedensten Orten und zu unterschiedlichsten Zeiten in immer anderer Gestalt.

Im Lauf der Geschichte hat es etliche Künstler gegeben, die die so schwer fassbare Melancholie meisterhaft heraufbeschwören konnten, beispielsweise der russische Filmemacher Andrej Tarkovskij. Jede einzelne Szene in jedem seiner Filme ist von Nostalgie, Erinnerungen und Verfall durchzogen, was beim Kinopublikum ein wunderbar melancholisches Gefühl erzeugt. Die Quintessenz seines künstlerischen Könnens manifestiert sich in einer zwischen 1979 und 1984 entstandenen Serie von

Polaroids. Heute sind Polaroids zum Retrotrend für Liebhaber obsolet gewordener Techniken geworden, doch wenn es Ihnen gelingt, sich in die Zeit davor zurückzuversetzen, ergeben sich bemerkenswerte Einblicke. Die Polaroidserie wurde in einem Buch mit dem Titel *Lichtbilder* publiziert, der auch auf das unverwechselbare Tarkovskij-Licht anspielt. Licht ist ein klassischer Kanal für Melancholie, vor allem für die nostalgische Spielart, das Sich-bewusst-werden der unwiderruflichen Entfremdung von jedem verstreichenden Augenblick. Die Motive der Bilder sind nichts Besonderes: eine Blumenvase auf einem Frühstückstisch, ein Hund auf einer nebelverhangenen Wiese, eine leere Straße in einer Stadt. Aber darum geht es nicht; Tarkovskij nötigt uns, hinter das Gegenständliche zu blicken. Wir sollen die Fotografien als Protest gegen die Vergeblichkeit begreifen, Erinnerungen festhalten zu wollen, und dennoch die absurde Schönheit in dem Versuch erkennen. Polaroids haben nicht nur die Eigenschaft, die Welt augenblicklich in ein nostalgisches Licht zu tauchen, ihre Melancholie liegt auch in der zeitlichen Begrenztheit. Jede Fotografie, die auf Film gebannt wurde, ist ein einzigartiges Objekt, das sich dem Bestreben der Moderne nach unendlicher Reproduzierbarkeit und damit der Unsterblichkeit entzieht.

Meine besondere Vorliebe gilt der Melancholie in Gebrauchtwarenläden. Die besten – also die traurigsten – sind verstaubte, höhlenartige Mausoleen, geheimnisvolle Zeitkapseln, denen die verzweifelte Aura einer Endstation anhaftet. In jedem Objekt steckt auch der Schmerz über seine Verbannung, alles verströmt die nostalgische Melancholie heimatloser Dinge. Und doch trotzen sie allein durch ihr Weiterexistieren der Verdammung. In einem Gebrauchtwarenladen bin ich nicht Konsument, sondern Anthropologe, der jedes Relikt auf Spuren seiner geheimen Vergangenheit untersucht. Was hat es mit diesem alten Sessel auf sich, in dem der Leib seines Besitzers einen Abdruck hinterlassen hat? Und dieses Wolljackett? Von Nahem erschnuppert man ganz leicht den Geruch nach Tabak (American Spirit?), dazu eine Spur von billigem Rasierwasser und altem Schweiß. In diesen Läden sind wir keine Kunden, sondern Schamanen: Wir haben die Macht, Geister zu beschwören.

Für Roland Barthes lag die Melancholie der Fotografie „in dem ‚Es-ist-so-gewesen'", was alte Fotografien besonders eindringlich vermitteln. In Gebrauchtwarenläden findet man oft Plastikkameras, in denen noch belichtete Filme stecken. Ein nicht entwickelter Film in einer weggegebenen Kamera lässt vermuten, dass jemand rigoros mit seiner Vergangenheit abgeschlossen hat. Vielleicht ist der Fotograf gestorben, oder der Film enthält Erinnerungen, die zu schmerzhaft sind, um sie sich noch einmal zu vergegenwärtigen. Wann immer ich eine solche Entdeckung mache, nehme ich verstohlen den Film aus der leblosen Plastikhülle und lasse ihn in meiner Drogerie um die Ecke entwickeln. Manchmal hänge ich die Hochglanzabzüge an meinen Kühlschrank, als seien es meine Erinnerungen – Erinnerungen an eine mögliche Zukunft oder eine Vergangenheit, die ich vergessen habe.

„Der Tod ist das *eidos* (das eigentümliche Wesen) dieser Photographie", schreibt Roland Barthes weiter. Mit dem fotografischen Beweis, dass die abgelichteten Menschen einmal gelebt haben, kehren sie gleichsam von den Toten zurück. Aber nicht nur sie, auch die Papierfotos selbst, diese Artefakte einer untergegangenen Welt – der Welt der analogen Fotografie – erwachen wieder zum Leben. Ein Foto zeigt einen Moment von Bedeutung, der dem Fotografen wichtiger als andere Momente war. Mit ihm leistet er Widerstand gegen die Unzulänglichkeit und Fehlbarkeit der Erinnerung, es ist eine kleine Auflehnung gegen das Vergessen. Wenn aber solche Andenken verloren gehen oder verschmäht werden, ist ihr Zweck verfehlt – sie liefern nur noch rätselhafte Verweise auf einen vergangenen und vergessenen Augenblick. Garry Winogrand, ein Vertreter der amerikanischen Street Photography, sagte einmal, er fotografiere, um herauszufinden, wie etwas aussieht, wenn es fotografiert wurde – aber vielleicht fotografieren wir ja, um herauszufinden, wie etwas als zukünftige Erinnerung aussehen wird.

Während meiner jahrelangen Ausgrabungstätigkeit in Gebrauchtwarenläden habe ich mehrere Hundert in Büchern, Manteltaschen oder Alben steckende alte Fotografien gesammelt. Ich reiße mir diese ausrangierten Bruchstücke vergangener fremder Leben ohne schlechtes Gewissen einfach unter den Nagel und lege sie, sicher zu Hause angelangt, in meinem Schlafzimmer in eine alte Schuhschachtel zu den anderen verlorenen oder verdrängten Erinnerungen, die dort Unterschlupf gefunden haben.

Vor einiger Zeit stieß ich in einem alten Buch aus der Bücherei auf das Schwarzweißfoto eines Friedhofs. Auf den ersten Blick sah er aus wie jeder andere Friedhof: Unter hohen, dunklen Bäumen ragten graue Grabsteine aus dem Boden, im Vordergrund stand ein niedriger Lattenzaun, vermutlich die Umzäunung eines Grabes. Doch merkwürdigerweise stieg aus dem Grab eine dichte weiße Rauchwolke auf, die in diesem Umfeld wie eine Geistererscheinung wirkte. „Centralia", lautete die Bildunterschrift, „eine sterbende Stadt". Das erklärte zwar nicht das geheimnisvolle Motiv, aber meine Neugier war geweckt. Zufälligerweise fuhr ich kurze Zeit später mit einem Freund von Cleveland nach New York, eine Route, die uns mitten durch den amerikanischen Rostgürtel führte. Ich bestand auf einem kurzen Stopp in Centralia.

Das Bergbaustädtchen im Kohlerevier Pennsylvanias erlangte 1962 internationale Bekanntheit, als die Verbrennung von Müll auf der örtlichen Deponie ein unterirdisches Kohleflöz in Brand setzte. Alle Löschversuche scheiterten, und so breitete sich das

Feuer unter Tage in Richtung Stadt aus wie eine in Zeitlupe schwelende Lunte. Anders als eine plötzlich hereinbrechende Naturkatastrophe brauchte dieses Feuer zwanzig Jahre, bis es Centralia erreichte – als wäre es auf dem Rücken einer Schildkröte gereist.

1984 entstanden plötzlich rund um die Stadt Krater, aus denen hochgiftige Gase entwichen. Man beschloss, die Stadt zu evakuieren, und fast alle 2700 Bewohner packten ihre Sachen und wurden in benachbarte Gebiete umgesiedelt. „Es war eine Welt, in der kein menschliches Wesen leben konnte", schrieb der Autor David DeKok 1986 über Centralia, „heißer als der Planet Merkur, die Atmosphäre so giftig wie die des Saturn. Im Zentrum des Feuers überstiegen die Temperaturen leicht 500 Grad Celsius." Während der Fahrt versuchten wir uns auszumalen, welch flammendes Inferno uns wohl erwarten würde – die reale Version von Coles *Vertreibung aus dem Garten Eden.*

Am späten Nachmittag erreichten wir die Stelle, wo sich laut Google Maps Centralia befinden sollte. Nichts hier erinnerte an Merkur oder Saturn. Stattdessen begrüßte uns ein grünes Dickicht aus Bäumen und Gestrüpp. Von der ehemaligen Hauptstraße zweigten rechtwinklig namenlose Seitenstraßen ab. Wir bogen in eine ein, parkten und stiegen aus. Da uns das dichte Blätterdach von der Junisonne abschirmte, war es angenehm kühl. Es gab keine bröckelnden Mauerreste, nicht einmal die üblichen Industrieruinen des amerikanischen Rostgürtels, und auch keine Anhaltspunkte, dass ein Höllenfeuer unter unseren Füßen loderte. Abgesehen von schimmerndem schwarzem Asphalt und verrosteten Warnschildern waren alle Spuren menschlicher Existenz aus der Landschaft getilgt.

Schweigend spazierten wir unter den Eichen eines ehemaligen Gartens dahin und fühlten uns wie in einem riesigen Park, durch den man irrtümlicherweise breite Straßen gebaut hatte. Unsere anfängliche Enttäuschung machte rasch einem mulmigem Gefühl Platz. Wenn man sehr genau hinsah, konnte man die Stellen erkennen, auf denen noch vor dreißig Jahren Häuser gestanden hatten. Statt der üblichen Begleitmusik einer amerikanischen Kleinstadt – Vögel, Grillen, Autos, Rasenmäher, Hundebellen – herrschte lastende Stille und verstärkte das Gefühl, dass hier mehr fehlte als nur Dinge. In diesem Negativraum hallten noch eine Art Bewusstsein und vergebliche Hoffnung nach, ähnlich der Präsenz, die ein Mensch hinterlässt, der gerade das Zimmer verlassen hat. Centralia als Geister*stadt* zu bezeichnen, erscheint unpassend, da sogar die für eine verlassene Stadt typischen Ruinen fehlen und nur das Geisterhafte übrig geblieben ist. Hier bekamen wir eine Ahnung von einer fernen Zukunft, in der selbst die letzten Reste menschlicher Geschichte aus der Landschaft der Erinnerung verschwunden sind. Immer noch stumm, gingen wir bis zum Ende der Straße, wo eine sorgfältig komponierte Assemblage aus fleckigen Matratzen, Autoreifen und einem Kühlschrank wirkte wie eine Opfergabe der benachbarten Stadt, um den unterirdischen Dämon fernzuhalten.

Schließlich kamen wir zu einem verlassenen Abschnitt der Route 61, der, wie ich später erfahren sollte, vom Rest der Schnellstraße abgetrennt worden war, weil er sich durch die Hitze verformt hatte und die ständigen Reparaturen zu teuer geworden waren. Ohne einer Menschenseele zu begegnen, schlenderten wir durch das Stadtzentrum, das sich den Hügel hinunterzog und am Ende aus dem Blickfeld verschwand. Der sich wellende Straßenbelag war mit leuchtenden Graffitibotschaften verziert. An manchen Stellen hatte sich der Asphalt nach oben gewölbt und war aufgeplatzt wie ein Eiterpickel. Daraus stieg ein scharfer, fauliger Geruch auf, der mich an einen unterirdischen Busbahnhof erinnerte. Ich musste an Freud denken, der in *Trauer und Melancholie* schrieb, „der melancholische Komplex verhält sich wie eine offene Wunde". Seiner Auffassung nach sind Trauer und Melancholie nicht gleichzusetzen, denn der Trauernde sehnt sich nach einem Ende der Trauerphase, während der Melancholiker in langem Leiden schwelgt. Hätte ich eine Spraydose dabeigehabt, hätte ich das Zitat auf die Straße sprühen können, zu all den anderen – oft sinnfreien – Botschaften.

Es dämmerte bereits, als wir zum Wagen zurückkehrten. Eine Frau kam auf uns zu. Menschen, die in Amerika außerhalb von Stadt- und Einkaufszentren zu Fuß gehen, sind immer ein verblüffender Anblick. Die Frau trug ein XL-Männerhemd mit einer Art Blumenmuster, das sich aus der Nähe jedoch als Collage aus Essens- und Schweißflecken entpuppte. Ihr leichtes Stolpern lag vermutlich daran, dass sie statt Schuhen pinkfarbene Plüschpantoffeln trug, die sich hier eindeutig außerhalb ihrer Komfortzone befanden. Dunkelblaue Augen starrten uns unter einer dicken Schicht asymmetrisch aufgetragenen Make-ups an, eine Zigarette klebte in prekärem Winkel an ihrer Unterlippe. Ungefähr einen halben Meter vor uns blieb die Frau stehen und zog kräftig daran, sodass die Zigarettenspitze zornig aufglühte.

„Hier gibt's nichts zu sehen, Jungs." Die Worte purzelten zusammen mit dichtem grauem Qualm aus einer Kehle, der Alter und Kohlenmonoxid schwer zugesetzt hatten. Für einen Moment sah es aus, als hätte sich eine geisterhafte vierte Person zwischen uns materialisiert. „Ja, Ma'am", erwiderte mein amerikanischer Freund schließlich, während ich verlegen schwieg. Ich wusste nicht, ob ihre Feststellung des Offensichtlichen passiv-aggressiv gemeint gewesen war oder ob sie selbst ehrliches Erstaunen empfand – als könne sie nach dreißig Jahren immer noch nicht fassen, dass ihre Stadt spurlos verschwunden war.

Schweigend traten wir unsere Weiterfahrt Richtung New York an. Die gespannte Erwartung, die vorher im Auto geherrscht hatte, war verpufft. Zurück blieb die Scham, weil wir einzig unser voyeuristisches Vergnügen im Auge gehabt hatten. Ich stellte mir vor, wie die Frau ruhelos durch die leeren Straßen dieser verschwundenen Stadt streift, die nicht durch äußere Einwirkung ausgelöscht worden war, sondern aus Unbedachtheit durch eigene Hand – was als Allegorie für den gegenwärtigen Zustand unserer Erde gesehen werden kann. Und ich musste an den Kohlebrand denken, der hundert Meter unter Centralia schwelt und noch einen Großteil des Anthropozäns weiterbrennen wird. Als die fernen Lichter von New York City am Horizont auftauchten, fragte ich mich, wie die Welt wohl aussehen wird, wenn das Feuer endlich erloschen ist. Ob es dann überall so sein wird wie in Centralia?

Zurück in Boston ging ich noch einmal ins Kunstmuseum und zahlte den unverschämt hohen Eintrittspreis von 23 Dollar. (Ich gab mich als Student aus, um zwei Dollar Ermäßigung zu bekommen, und rechtfertigte das vor mir damit, dass ich jetzt ärmer war als während des Studiums.) Diesmal war das Museum nahezu leer, mit Ausnahme einiger Schülerinnen im Teenageralter, die jeweils zu zweit zusammensaßen und abstrakte Porträts voneinander zeichneten. Im Einkaufsmodus-Schnellschritt lief ich durch die Räume, bis ich vor der *Vertreibung* stand und mich in Denkerpose warf.

Mir fiel etwas auf: Warum hatte Cole beabsichtigt, dass das Gemälde von rechts nach links betrachtet werden sollte? Wollte er damit andeuten, dass wir bereits vom mythischen Anfang der menschlichen Geschichte an rückwärts auf unsere Vernichtung zusteuerten? Und warum sieht der Anfang der Welt schon wie ihr Ende aus? Vielleicht ist es ja ein und dasselbe: Die Zeit verläuft nicht linear, sondern zirkulär – das Gemälde verbildlicht sozusagen den Kratzer in der Schallplatte, der die Nadel zwingt, in Endlosschleife den Kreislauf von Vernichtung und Wiedergeburt abzuspielen.

Ich trat so nahe an das Gemälde heran, dass ich fast mit der Nase an die Leinwand stieß. Der Blick, den Adam zurück auf seine unwiederbringliche Vergangenheit im Garten Eden wirft, wirkte auf mich zutiefst nostalgisch. Noch ein Gedanke drängte sich mir auf: Waren die ersten Menschen nicht zugleich die ersten Geflüchteten? Finden sich solche Gesten der Verzweiflung nicht auch bei den aus ihrer Heimat Vertriebenen, die dazu verdammt sind, auf ewig weiterzuziehen? Vielleicht wollte Cole, dass wir Eden als Gleichnis für die Vormoderne begreifen, als eine Zeit kindlicher Unschuld und Schuldunfähigkeit. Vielleicht sind Adam und Eva ein Sinnbild für uns, die wir dem verlorenen Paradies nachtrauern und nackt und verloren in eine sterbende Welt hinausgehen, voller „Melancholie, im Nachmittag der Zeit zu leben", wie George Williamson es ausdrückte?

Melancholie wohnt vor allem den Gedichten der Romantiker inne, aber sie findet sich auch in der Postmoderne – nicht in uralten Wäldern oder stürmischen Himmeln, sondern in der düsteren Isolation des urbanen Verfalls. Würde Cole heute leben und nicht die gefühlsbetonte Romantik, sondern die Ironie der Postmoderne als Ausdrucksmittel wählen, dann würde er Adam und Eva wohl in eine Welt endloser Verkehrsstaus, riesiger Shoppingmalls und verwaister Städte verbannen, in denen es nicht einmal mehr romantische Ruinen gibt.

Ich verließ das Museum und ging in den Park auf der anderen Straßenseite. Das strahlende Licht des Nachmittags tanzte durch das smaragdgrüne Blätterdach als Collage aus Sonne und Schatten zu meinen Füßen. Im Gegensatz zum Museum war der Park belebt; Jogger und Radfahrer glitten an mir vorbei, als wäre ich ein Felsen in einem Fluss. Ich überquert eine kleine Brücke und kam zu einem Sportplatz, auf dem eine Gruppe Frauen in Funktionskleidung trainierte. Von einer Bank aus beobachtete ich lange ihre geheimnisvollen sportlichen Rituale und fühlte mich wie der namenlose Protagonist in Chris Markers Film *Am Rande des Rollfelds* – ein Mann, der in die Vergangenheit reist, um eine düstere Zukunft zu verhindern und sich dabei in eine Frau und eine Welt verliebt, die dem Untergang geweiht ist. Gemeinsam streifen der Mann und die Frau durch die staubigen Ruinen des *Muséum national d'histoire naturelle* und gelangen in einen Pariser Park, wo sie dann im weichen Licht des Nachmittags auf einer Bank sitzen. Sie schließt die Augen, während sein Lächeln wie bei Cioran „über ausgelöschten Landschaften lagert".

Fast unmerklich war es dämmrig geworden. In der Ferne hörte ich das sanfte Wehklagen einer Trompete. Ich zog Francis Fukuyamas *Ende der Geschichte* aus der Tasche, das ich vor Wochen gekauft, aber noch nicht einmal aufgeschlagen hatte. Auf der Suche nach einem Spoiler blätterte ich bis zur letzten Seite. „Das Ende der Geschichte wird eine sehr traurige Zeit sein", schreibt Fukuyama. „... In der post-historischen Zeit wird es weder Kunst noch Philosophie geben, nur das andauernde Pflegen des Museums der Menschheitsgeschichte. Ich fühle in mir selbst und sehe auch in anderen eine starke Nostalgie für die Zeit, als Geschichte noch existierte." Diese Zeilen, zusammen mit dem Nachhall des Museumsbesuchs, dem Geruch nach Herbst und dem schwindenden Tageslicht erzeugten in mir ein geradezu berauschendes Gefühl nostalgischer Melancholie.

Als ich durch die erleuchteten Straßen nach Hause ging, kam mir Nabokov in den Sinn, der sagte, indem man sich im Geiste in die Zukunft versetze, werde die Gegenwart zu einer zukünftigen Erinnerung. Dieser Perspektivwechsel verwandelt die Gegenwart von etwas Gewöhnlichem zu etwas Anachronistischem, überzieht sie mit dem Glanz der Erinnerung, verleiht einer Zeit Schönheit, die unwiderruflich an die Vergangenheit verloren ist.

• 36° 47' 52.98" N
• 115° 56' 2.98" W
Doom Town

Doom Town (Stadt des Untergangs), Nevada, USA

WILLKOMMEN IN DOOM TOWN, dem amerikanischen Traum im Herzen der Wüste von Nevada. Im Propagandafilm des amerikanischen Zivilschutzes, *Let's Face It,* wird dieser Ort folgendermaßen beschrieben: „Gebaut aus Stahl und Stein, Ziegel und Mörtel, mit Präzision und Geschick – als sollte sie tausend Jahre halten. Aber es ist eine seltsame, unwirkliche Stadt, wie aus einem Science-Fiction-Film. Eine Stadt, wie es weltweit keine zweite gibt. Häuser, ordentlich und sauber und komplett eingerichtet, die nie bewohnt sein werden. Brücken mit massiven Stahlträgern überspannen die leere Wüste. Eisenbahnschienen führen ins Nirgendwo, denn hier ist Endstation."

Am 5. Mai 1955 um 5.10 Uhr löschte eine 29-Kilotonnen-Atombombe (mehr als die doppelte Sprengkraft der Hiroshima-Bombe) das fröhliche Städtchen vom Antlitz der Erde. Das vom Zivilschutz Apple-2 genannte Testgelände – Optimisten nannten es Survival Town, alle anderen Doom Town – war allein zu dem Zweck entworfen und gebaut worden, zerstört zu werden. Die Explosion war nur eine in einer ganzen Reihe von Tests, bei denen die Stadt aufgebaut, vernichtet, dann wieder aufgebaut und wieder vernichtet wurde – eine Albtraumversion von Nietzsches „Ewiger Wiederkunft“. Es war eine typische amerikanische Speckgürtel-Vorstadt, ausgestattet mit einer Feuerwehr und einem Radiosender; es gab eine Bibliothek, es fuhren Busse und Autos, und ein Dutzend Häuser war mit weißen, lächelnden, amerikanischen Mittelklassefamilien (dargestellt von Schaufensterpuppen) bewohnt. Man musste sich die Zerstörungskraft sowjetischer Bomben auf amerikanische Städte nicht mehr vorstellen – man konnte sie vorführen.

Die „Vorher"-Fotos sehen aus wie Werbeanzeigen in einem *Harper's-Bazaar*-Magazin der 1950er-Jahre. Auf einem Schwarzweißbild von der „Operation Doorstep" sehen wir zwei junge, elegant gekleidete Paare, die lässig an einem Küchentisch sitzen. Offenbar wollen sie zusammen essen, der glänzende Holztisch ist mit weißen Porzellantellern und hübschen Gläsern gedeckt. Ein anderes „Vorher"-Bild zeigt ein Haus mit einer Familie in einem großen, hell erleuchteten Wohnzimmer. Auf einer langen geblümten Couch lehnt sich ein gut aussehender Mann in mittleren Jahren entspannt zurück. Ihm gegenüber sitzt ein braun gebrannter, identisch gekleideter Mann vorn auf der Stuhlkante und neigt leicht den Kopf, als würde er dem Mann auf der Couch interessiert zuhören, wie er über die ungünstige Wirtschaftslage spricht. Um sie herum spielen Kinder. Links von den Männern sitzt eine schlanke, attraktive Frau in elegantem Kleid auf einem Lederpuff. Vielleicht wollen sie zum Essen ausgehen.

Doch die Idylle wird brüchig, wenn man aus dem Fenster hinter ihr blickt – nicht über üppigen grünen Rasen zu einem weißen Gartenzaun, sondern in eine bleiche Wüstenlandschaft, eine endlose Weite, die sich unter dem wolkenlosen Himmel von Nevada erstreckt. Jedes der etwa ein Dutzend Häuser wurde sorgfältig als ähnliches Diorama inszeniert: Kinder werden zu Bett gebracht, Hausfrauen kochen Abendessen, Väter lesen die Abendzeitung.

Am verstörendsten ist vielleicht, dass die Wissenschaftler des Zivilschutzes – die die Schaufensterpuppen beliebig hätten arrangieren können – mit voller Absicht unschuldige Momente aus dem gewöhnlichen Alltag nachstellten, als ob sie damit sagen wollten: Das könnte *jederzeit* auch dir passieren.

Die „Nachher"-Fotos lösen dieses perverse Versprechen ein. Die vier vom Esstisch sehen aus, als habe sie eine Bande geistesgestörter Axtmörder überfallen – Plastikarme und -beine liegen verstreut zwischen Holzsplittern und Glasscherben. Ein Mann erweckt den Eindruck, einigermaßen unversehrt geblieben zu sein, bis man bemerkt, dass Licht durch münzgroße Löcher in seinem Schädel scheint, als wäre er ein durchbrochener Lampenschirm. Überraschenderweise scheint das Wohnzimmer des zweiten Hauses nur wenig in Mitleidenschaft gezogen zu sein. Der Couchtisch ist umgekippt, die Frau am Fenster wie betrunken hintüber gefallen, Glassplitter und Gipsfragmente übersäen den Boden. Doch während die Kinder auf mysteriöse Weise verschwunden sind, hat sich der Mann auf dem Stuhl überhaupt nicht bewegt. Als hätte er von der Atomexplosion in der Stadt überhaupt nichts mitbekommen, starrt er gedankenverloren auf einen unbestimmten Punkt.

Natürlich ist es der winzige Augenblick *zwischen* dem „Vorher" und „Nachher", den wir eigentlich sehen wollen, der Moment, in dem die materielle Welt aus den Angeln gehoben wird. Und dank Hochgeschwindigkeitsfotografie können wir das auch.

In dem Film *Operation Doorstep* von 1953 werden unsere wildesten Zerstörungsfantasien wahr. „Hier noch einmal der Einsturz von Haus Nummer eins in Stop-Motion“, verkündet der Erzähler mit unverkennbarem Stolz. Wir sehen, wie ein gleißendes Licht eine Mondlandschaft erhellt, in der Mitte des Bildes ein weißes Holzhaus. Plötzlich steigt schwarzer Rauch auf. Ein Augenblick der Stille, dann zerfetzt ein unsichtbarer Tsunami das Haus und zerstreut seine Einzelteile, als wäre es eine Pusteblume. „Was Sie hier detailliert sehen“, sagt der Erzähler feierlich, untermalt von Musik wie aus einem Hitchcock-Film, „ist in nur zweieindrittel Sekunden passiert.“

Zumindest teilweise haben wir es Eadweard Muybridge zu verdanken, dass eine solche Bilderfahrung möglich ist. Der Erfinder der Chronofotografie war ein Wissenschaftler und Künstler, der die Zeit sezierte; eine Art Tierpräparator, der Bewegungen einfing und sie zergliederte, um sie zu studieren. 1878 galoppierte Muybridges berühmtes Pferd in eine Zukunft, in der aus Fotografie Kinofilm wurde. Im nächsten Jahrhundert konnten wir entdecken, dass wir einer Autopsie der Zerstörung in all ihrer langsamen, glorreichen und unbestreitbaren Schönheit beiwohnen, wenn wir mitansehen, wie ein Haus bei einer Atomexplosion in die Luft fliegt.

Zwischen 1951 und 1992 wurden auf dem Testgelände in Nevada nicht weniger als 928

Werbepostkarte für den Benny Binion's Horseshoe Club in Las Vegas.

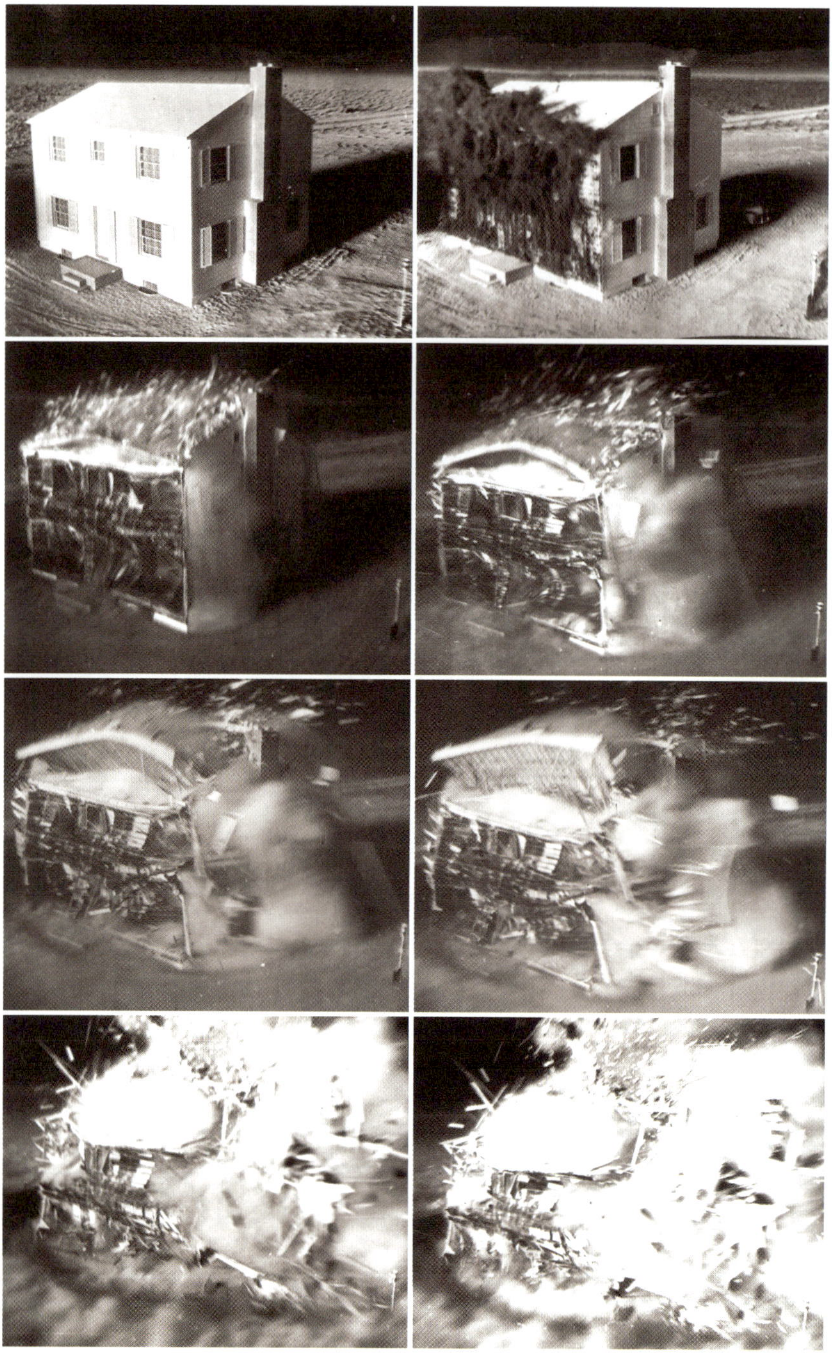

Serie von Hochgeschwindigkeitsaufnahmen während der Operation Doorstep.

Atombomben gezündet – in den 1950er-Jahren eine beliebte Touristenattraktion. Las Vegas, nur gut hundert Kilometer südöstlich des Testgeländes gelegen, nutzte die Gunst der Stunde. Die Handelskammer vermarktete die Stadt als „Atomic City" und entwarf Kalender und Broschüren mit den Daten der Atombombentests und Tipps für die besten Beobachtungsstandorte. Bei „Bomb Parties" in Hotels und Casinos wurden „Atomic Drinks" serviert und Nächte durchgetanzt, bis die Gäste dann am frühen Morgen zu sehen bekamen, wie „ihr" atomares Feuerwerk den Himmel erhellte. Für all diejenigen Amerikaner, die das schillernde Spektakel nicht mit eigenen Augen beobachten konnten, wurden die Tests häufig live im Fernsehen übertragen.

Während Propagandafilme der Öffentlichkeit einreden wollten, man könne einen Atomangriff überleben, fand eben diese Öffentlichkeit unbeabsichtigt ein perverses Vergnügen daran, auf der heimischen Couch Zeuge ihrer filmisch in Szene gesetzten Selbstzerstörung zu werden. Und dieser Geist ließ sich nicht zurück in die Flasche zwingen. Stattdessen erwuchs daraus eine 500-Milliarden-Dollar-Industrie, die wir heute als Hollywood kennen. Hier werden in den Studios regelmäßig künstlich erschaffene Welten vernichtet, wird in immer ungeheuerlicheren apokalyptischen Fantasien stets aufs Neue unsere eigene Selbstauslöschung durchgespielt.

Vorläufer war Muybridges Chronofotografie, eine retrospektive Zukunftsvision, mit der man das Unsichtbare sichtbar machen konnte. So wie in Doom Town eine angstvolle Zukunft projiziert, zurückgespult, nachgespielt, immer wieder neu erschaffen und zerstört wird. Rebecca Solnit schreibt über Muybridge: „Er ist der Mann, der die Sekunde spaltete, eine so dramatische und weitreichende Aktion wie die Spaltung des Atoms".

• 77° 23' S
• 160° 51' O

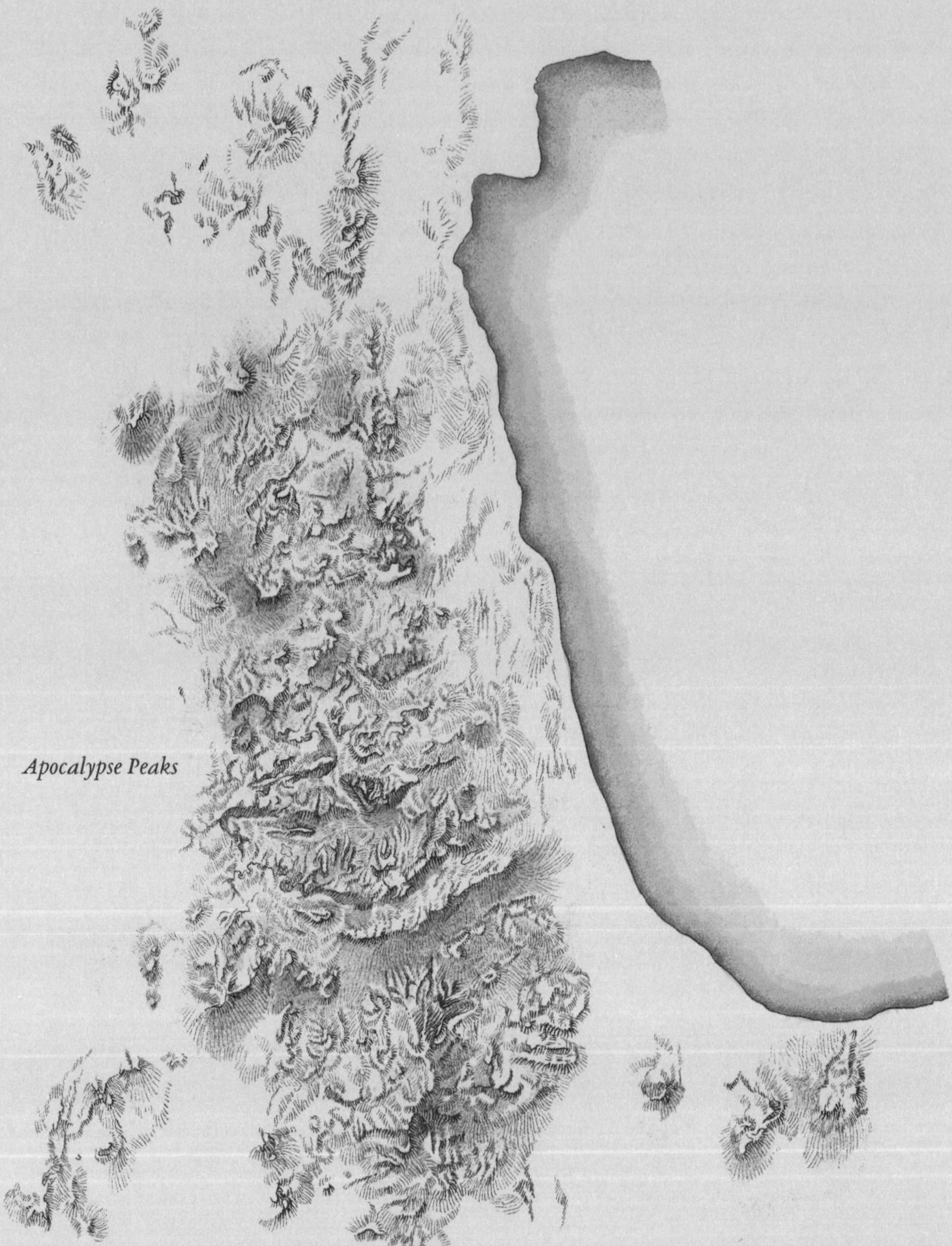

Apocalypse Peaks (Gipfel der Apokalypse), Antarktis

Als eine Gruppe von Geologiestudenten und Mitarbeitern der neuseeländischen Victoria University of Wellington im Sommer 1958 bei ihrer jährlichen Antarktis-Exkursion das Kap von Victoria Land umrundete, ragten vier zerklüftete Berggipfel vor ihnen in den trüben Himmel. Mit einer für Naturwissenschaftler untypischen Vorstellungsgabe waren sie sich schnell einig, dass die vier namenlosen Berge den vier apokalyptischen Reitern glichen, und tauften sie „Apocalypse Peaks".

Zwar wird heutzutage eine Vielzahl von Weltuntergangsszenarien als Apokalypse bezeichnet, doch ursprünglich bezieht sich das aus dem Griechischen stammende Wort für „offenbaren, enthüllen" ausschließlich auf das Buch *Offenbarung des Johannes oder die Apokalypse* in der Bibel. Dem christlichen Glauben nach ist die biblische Apokalypse die göttliche Prophezeiung eines Weltuntergangs in mehreren Stufen. Zunächst öffnet „das Lamm" – ein Geschöpf mit nicht weniger als sieben Hörnern und sieben Augen – ein Buch mit sieben Siegeln, das für die Menschheit (mit Ausnahme der reuigen Christen) deprimierende Szenarien offenbart. Das Brechen der ersten vier Siegel entfesselt die vier Reiter der Apokalypse: Das weiße Pferd reitet aus zum Sieg, das rote Pferd bringt Krieg, das schwarze Pferd eine Hungersnot und das fahle Pferd den Tod. Dann wird das fünfte Siegel erbrochen, und die Seelen ermordeter Märtyrer rufen laut danach, dass Gott ihr vergossenes Blut rächen möge. Nun folgt das sechste Siegel „... und der Himmel wich wie eine Schriftrolle, die zusammengerollt wird, und alle Berge und Inseln wurden wegbewegt von ihrem Ort." Nach dem Öffnen des siebten Siegels „entstand eine Stille im Himmel, etwa eine halbe Stunde lang." Es erscheinen sieben Engel mit Posaunen, doch folgt keine musikalische Darbietung: Jedes Mal, wenn ein Engel seine Posaune bläst, kommt ein neues Unglück über die Welt. Unter anderem fallen Hagel und Feuer, mit Blut vermengt, auf die Erde; fünf Monate lang quälen Heuschrecken, groß wie Rösser und mit menschlichem Antlitz und Frauenhaar, die Menschheit; ein großer, brennender Stern namens Wermut fällt vom Himmel und macht ein Drittel der Wasser bitter; ein riesiger Feuerberg stürzt ins Meer, das zu einem Drittel zu Blut wird, und vernichtet ein Drittel der dort lebenden Geschöpfe; es folgen zerstörerische Erdbeben und schließlich die Auslöschung eines Drittels der noch auf der Erde herumirrenden gequälten Menschen.

Seine Blutrünstigkeit und die grotesken Monster machen das Buch der Offenbarung zu einer Art zweitklassigem Horrorfilm der 1980er-Jahre. Kurioserweise wird dieses Werk einem gewissen Johannes zugeschrieben, nur weiß keiner der Gelehrten so genau, wer dieser Johannes eigentlich gewesen sein soll. Als hätte es die bis ins Komische verzerrte Ungeheuerlichkeit des Buches erfordert, für den Autor ein Pseudonym zu wählen.

Dessen ungeachtet gibt es heute viele Millionen Menschen, die die biblische Apokalypse fürchten und zugleich sehnlichst erwarten. Eine im Jahr 2012 von Reuters durchgeführte internationale Umfrage ergab, dass fast 15 Prozent der Menschen weltweit mit dem Ende der Welt noch zu ihren Lebzeiten rechnen. Mit 22 Prozent führen die USA die Liste dieser Gläubigen an, die Briten zeigen sich mit acht Prozent am skeptischsten.

Doch bereits seit Menschen die Erde bevölkern, haben sie auch ihren Untergang vorausgesehen. Die älteste uns bekannte apokalyptische Vorhersage stammt aus der Zeit um 2800 v. Chr. Eine Inschrift auf in Mesopotamien gefundenen Tafeln lautet in etwa: „Die Erde ist verdorben in dieser Endzeit; die Zeichen sagen, dass die Welt bald untergeht; Bestechung und Korruption allerorten; Kinder gehorchen ihren Eltern nicht mehr."

Im Jahr 1499 sagte Johannes Stöffler, ein angesehener deutscher Mathematiker und Astrologe, voraus, dass eine biblische Flut die Erde am 20. Februar 1524 heimsuchen werde, da sich in diesem Monat alle bekannten Planeten in einem „wässrigen Sternzeichen" begegnen würden. Hunderte Flugschriften, die den Weltuntergang verkündeten, wurden verteilt und lösten im ganzen Land Panik aus. Um sich selbst zu retten, baute ein deutscher Graf eine luxuriöse dreistöckige Arche. Am Jüngsten Tag war es zunächst etwas bewölkt. Als es dann leicht zu regnen begann, kämpfte eine hysterische Menge um einen Platz auf der Arche, was dazu führte, dass Hunderte starben und der Graf zu Tode gesteinigt wurde.

Das Jahr 1666 war für gläubige Christen dann verständlicherweise besonders beängstigend. Bereits im Jahr zuvor hatte die Pest die Zahl derer, die in den Londoner Elendsvierteln hausten, um ein Fünftel dezimiert – doch nun schien das Ende nahe zu sein. Am 2. September brach in einer Bäckerei ein Feuer aus, das drei Tage lang wütete und London in eine Flammenhölle verwandelte. Nachdem etwa 13.000 Gebäude und viele Tausende Wohnungen mehr in Schutt und Asche lagen, hatte sich damit für viele die Prophezeiung der Apokalypse erfüllt.

Illustration des Weltendes, wie William Miller es 1843 prophezeite.

Doch letztlich forderte der Brand nur zehn Menschenleben, was zwar ein Unglück war, aber nicht das Ende der Welt.

Was als Große Enttäuschung von 1844 bekannt werden sollte, nahm seinen Anfang, als William Miller – ein Prediger aus Massachusetts – verkündete, die Apokalypse stehe in Kürze bevor. Plakate, Rundschreiben und Karten verbreiteten seine Botschaft, dass der Weltuntergang irgendwann zwischen dem 21. März 1843 und dem 21. März 1844 stattfinden würde. Tatsächlich erschien Ende Februar 1843 ein Komet am Himmel, der so hell schien, dass man ihn sogar tagsüber sehen konnte. Dieses vermeintlich unheilvolle Zeichen brachte weitere Tausende dazu, sich der Miller-Bewegung anzuschließen. Etwa 100.000 Menschen trennten sich von ihrem nun nutzlosen weltlichen Hab und Gut und zogen in die umliegenden Berge, um dort das Ende der Welt zu erwarten. Als dieses ausblieb, korrigierte Miller das Datum auf den 22. Oktober 1844. Im herrlichen Morgensonnenschein des 23. Oktobers hatten seine treuen Anhänger erneut Grund zur Klage. Einer von ihnen, Henry Emmons, schrieb: „Ich wartete den ganzen Dienstag, doch der liebe Herr Jesus ist nicht erschienen … zwei Tage lag ich ausgestreckt auf dem Boden, ohne körperliche Schmerzen, aber krank vor Enttäuschung."

Der vielleicht produktivste neuzeitliche Prophet war Harold Camping, der nicht weniger als zwölf Mal öffentlich ein Weltuntergangsdatum verkündete. Auf Grundlage von Berechnungen anhand von Zahlen und Daten aus der Bibel gab er 1992 ein Buch mit dem Titel *1994?* heraus, in dem er das Ende der Welt irgendwann in jenem Jahr vorhersagte. Seine vielleicht berüchtigtste Vorhersage galt dem 21. Mai 2011, also auf den Tag genau 7000 Jahre nach der Sintflut. Nachdem die Stunden verstrichen, ohne dass ein einziger apokalyptischer Reiter auftauchte, erklärte er seine Berechnungen kurzerhand für falsch und korrigierte das Weltuntergangsdatum auf den 21. Oktober 2011. „Ich bin wie der Junge, der immer und immer wieder Wolf gerufen hat, und der Wolf kam nicht", sagte Camping. „Das verunsichert mich nicht im Geringsten."

Doch jetzt sind es keine frommen Propheten, die den Untergang der Welt vorhersagen, sondern Wissenschaftler. Nicht in den Himmel sollten wir ängstlich blicken, sagen sie, sondern aufs antarktische Eis, denn die Zerstörung der Erde wird nicht durch verschiedenfarbige Pferde, sondern durch unsichtbare Gase kommen. Fürs Erste können wir jedoch beruhigt sein. Noch sind die vier Reiter der Apokalypse im azurblauen Eis gefangen.

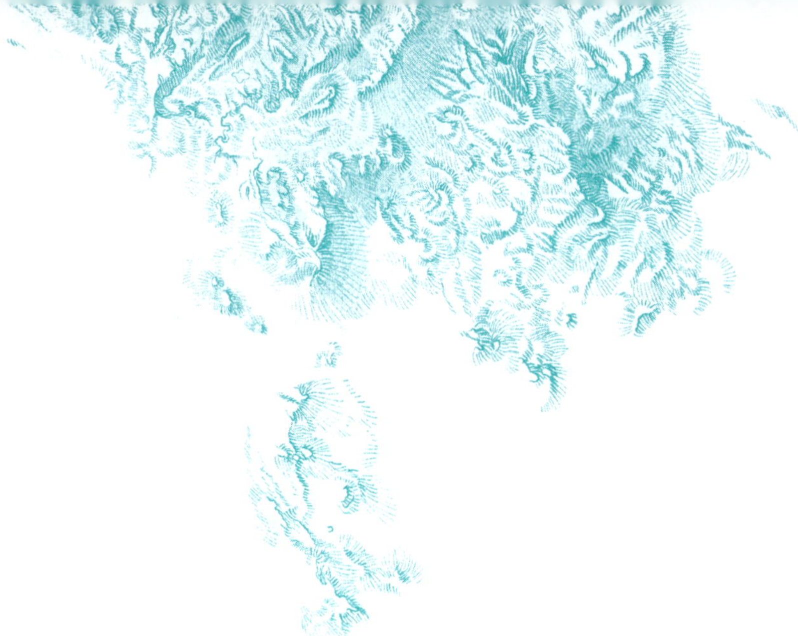

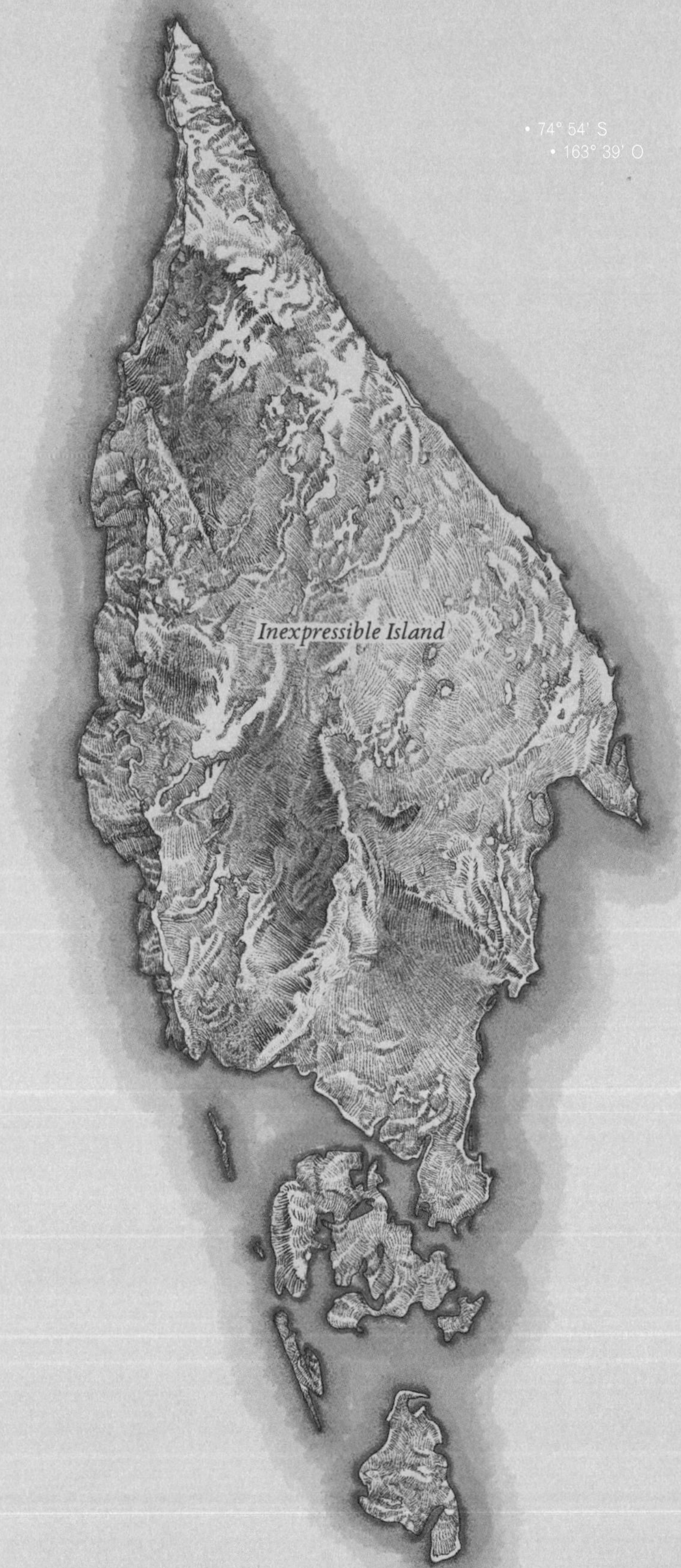
• 74° 54' S
• 163° 39' O
Inexpressible Island

Inexpressible Island (Unsägliche Insel), Antarktis

ANTARKTIS, 1912. „Der Weg zur Hölle mag mit guten Vorsätzen gepflastert sein", schrieb George Murray Levick in einer kleinen Schneehöhle mit Blick auf eine trostlose, vereiste Landschaft. „Aber sehr wahrscheinlich ist die Hölle selbst im Stil dieser Unsäglichen Insel gepflastert." Von Ruhr geplagt und mit Erfrierungen saßen die sechs Männer von Scotts Terra-Nova-Expedition über den Winter fest und ernährten sich von Pinguinen, um nicht zu verhungern, während sie auf Rettung warteten. Da Levick angesichts des noch unkartierten, steinernen Elends die Worte fehlten, nannte er es einfach „die Unsägliche Insel".

Aber wie drückt man etwas nicht Sagbares aus? Aldous Huxley sah die Lösung in Schweigen oder Musik. Für Goethe war „die Kunst ... eine Vermittlerin des Unaussprechlichen." Rainer Maria Rilke wiederum glaubte, „die meisten Ereignisse sind unsagbar, vollziehen sich in einem Raume, den nie ein Wort betreten hat ..."

Levick war nicht der Erste, dem es schwerfiel, diesen Kontinent zu beschreiben. Lange bevor die Antarktis 1820 tatsächlich gesichtet wurde, war ihre Existenz lediglich eine geografische Abstraktion. So glaubte Aristoteles, dass die Kontinente im Norden durch eine Landmasse im Süden ausgeglichen werden müssten. Das warf natürlich Fragen auf. Wie groß war dieses Land? Wie war es beschaffen? Wer oder was bewohnte es?

Solche Gedanken beschäftigten die Fantasie der Europäer jahrhundertelang. Sie träumten von ihren Doppelgängern am anderen Ende der Welt, von ihren Antipoden in einer Zivilisation, so fremd und gegensätzlich wie ihre eigene. Das Wort Antipode stammt aus dem Griechischen (von *antí* „gegen" und *poús* „Fuß", wörtlich „Gegenfüßler"), und man nahm diesen Begriff in den Jahren vor der Aufklärung sehr wörtlich. Man stellte sich vor, dass die dortige Zivilisation nicht nur geografisch ein Gegensatz war, sondern die Antipoden dem auch anatomisch entsprachen. Das hypothetische Land wurde zur Projektionsfläche zahlloser Ängste und Wünsche, bevölkert von den verschiedensten realen und imaginären Tieren, mutierten Menschen, abscheulichen und dämonischen Kreaturen, alle mit wirr angeordneten Gliedmaßen, die „mit Füßen über den Köpfen" liefen. Geschichten und Mythen gaben dem noch unbekannten Kontinent Gestalt. Für Schriftsteller, die satirische Utopien, Dystopien und andere fantastische Werke erfanden, war dessen Ortlosigkeit ideal, denn so mussten sie keine Fakten beachten. Die *Sehr curiöse Reise-Beschreibung durch das neu-entdeckte Sudland* von Gabriel de Foigny aus dem Jahr 1676 etwa schildert ein Land, das von Zwitterwesen bevölkert ist. In Nicolas Edme Restif de la Bretonnes *Der fliegende Mensch* von 1781 heißt es: „Ich bemerke, dass ihre Züge den unseren vollkommen entgegen sind, vielleicht sind sie unsere phisischen und moralischen Gegenfüßler." Der Bischof Joseph Hall lässt den Erzähler in *Die heutige neue alte Welt* von 1607 kalte, gebirgige Orte aufsuchen, einer schrecklicher als der andere. Manche werden von einsamen Menschen bewohnt, die sich nur donnerstags treffen und die Tage ansonsten versteckt in ihren Häusern verbringen, wo sie Dinge ersinnen, die nie getan werden. Ein moderneres Beispiel ist Waleri Brjussows Novelle *Die Republik des Südkreuzes* von 1905. Hier wird die reiche, angesehene Sternenstadt von einer psychischen Erkrankung heimgesucht. Die sogenannte *Mania contradicens* versetzt die Infizierten in einen Zustand des permanenten Widerspruchs und führt bis zum Wahnsinn, sodass sich die meisten Menschen dem völligen sittlichen Verfall hingeben, was in Orgien, Mord und sogar Kannibalismus ausartet.

Holzschnitt aus dem 1544 erschienenen Buch *Cosmographia* mit imaginären Völkern der Erde.

Wie dieses legendäre Südland tatsächlich aussehen mochte, blieb zwangsläufig umstritten. Als es auf den Karten des Mittelalters und der Renaissance erstmals dargestellt wurde, zeichnete jeder Kartograf seine eigenen wunderlichen Vorstellungen. So zeigt Gerard de Jodes *Universi Orbis seu Terreni Globi* die Welt 1578 als leicht duchhängenden Pfannkuchen, auf der sich die *Terra Australis Incognita* nach Norden bis Neuguinea erstreckt. Auf Abraham Ortelius' Weltkarte *Theatrum Orbis Terrarum* von 1570 nimmt die *Terra Australis Nondum Cognita* einen Großteil der südlichen Hemisphäre ein, wie eine riesige weiße Hand, die die Weltkugel umspannt.

Doch als die Entdecker Mitte des 19. Jahrhunderts die Antarktis zu erforschen begannen, mussten sie es nicht mit dämonischen Gegenfüßler-Monstern aufnehmen, ihnen stellte sich der Kontinent selbst entgegen. Die riesige, monochrome Fläche bietet kaum Anhaltspunkte, um Entfernungen zu messen. Auch verändert sich die Landschaft ständig. Gletscher schmelzen und vereisen erneut. Durch Packeis vergrößert sich das Territorium und schrumpft dann wieder. Die Antarktis formt sich ständig neu, verschiebt sich, passt sich an, pulsiert – und beflügelt dadurch die Fantasie.

Es war also nicht einfach, diese sich jeder Festlegung entziehende Landmasse zu erforschen, zu kartografieren und zu benennen. Der Shapeless Mountain (Formloser Berg) heißt so, weil sich die Forscher einfach

Gerard de Jode, *Universi Orbis seu Terreni Globi*, 1578.

nicht über seine Form einig werden konnten. Sie war tatsächlich so uneindeutig, dass ein Expeditionstrupp später den falschen Berg bestieg – den sie dann Mistake Mountain (Irrtumberg) nannten. Es gibt auch einen Wrong Peak (Falscher Gipfel), der seinen Namen einem ähnlichen Umstand verdankt. Der Recoil-Gletscher wiederum soll seinen Namen 1963 von einem Geologen erhalten haben, der angewidert „zurückgewichen" sei, weil er dort nichts von Interesse fand.

In seiner *Parabel vom Palast* erzählt Jorge Luis Borges von einem Poeten, der ein Gedicht über den ungeheuer weitläufigen Palast eines Kaisers schreibt. Seine kurze Verskomposition (manche behaupten, sie habe nur aus einem einzigen Wort bestanden) beschrieb den Palast so perfekt, dass der Kaiser empört rief: „Du hast mir meinen Palast entrissen!" und den Dichter auf der Stelle hinrichten ließ. „Andere berichten die Geschichte auf andere Art", fährt die Parabel fort. „In der Welt kann es nicht zwei vollkommen gleiche Dinge geben; es genügte (sagen sie), dass der Dichter das Gedicht aussprach, und alsbald verschwand der Palast, wie ausgetilgt und zerschmettert von der letzten Silbe."

Die Schilderung war so perfekt, dass sie ersetzte, was sie schilderte. In ähnlicher Weise erschufen die Karten und Mythologien ein Double der Antarktis, das nicht am anderen Ende der Welt, sondern im Land der Fantasie existierte.

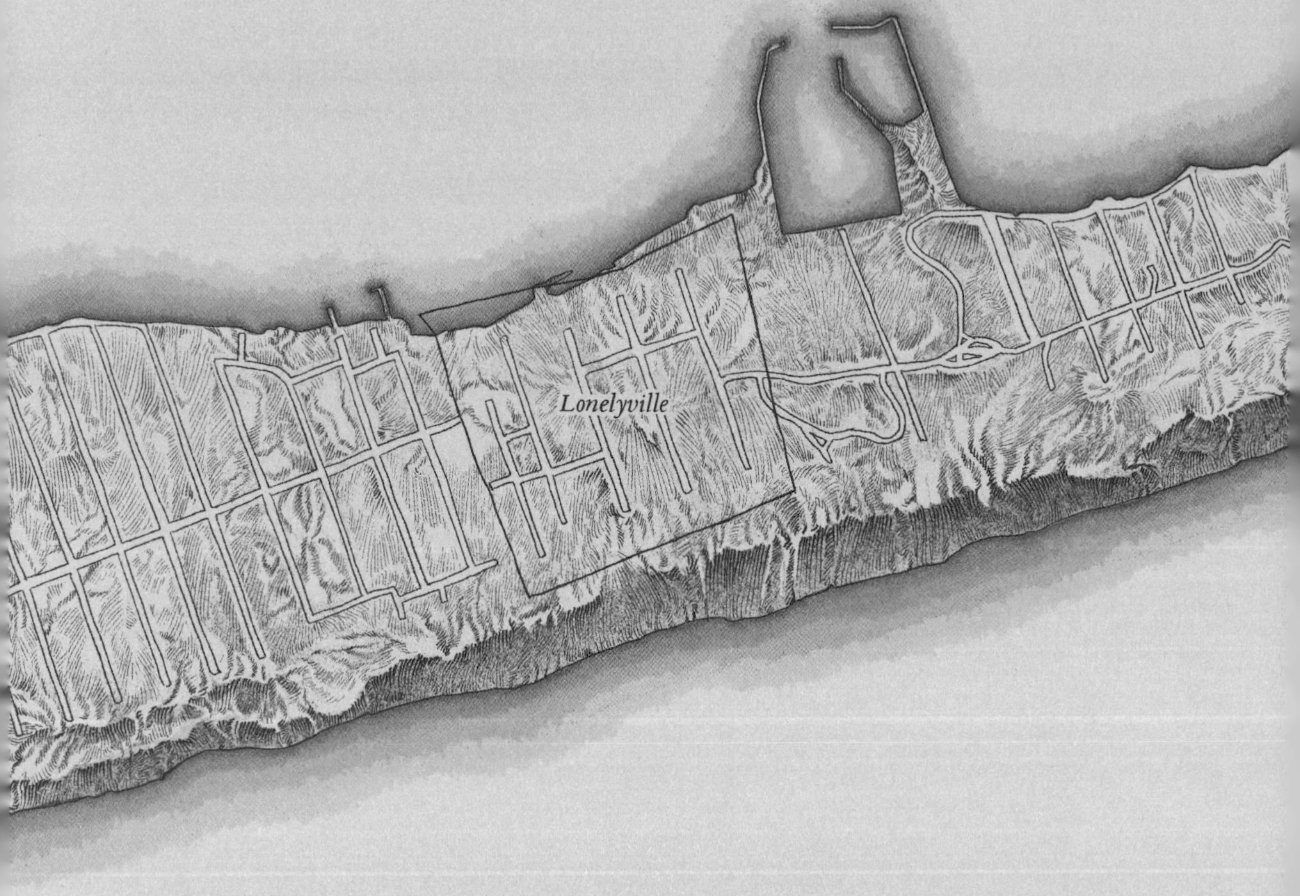

• 40° 38' 27'' N
• 73° 10' 29'' W

Lonelyville (Einsame Stadt), New York, USA

Die Gesetze von Lonelyville wurden wie folgt schriftlich niedergelegt: „Personen von zweifelhaftem Charakter erhalten keine Erlaubnis, innerhalb der Stadtgrenzen zu wohnen. Der Sabbat soll strikt eingehalten werden, indem jede Person von guter Gesundheit ein Bad nimmt. An Sonntagen sollen keine Pferderennen, Hahnenkämpfe oder Feuerwehrwettkämpfe stattfinden. Wildtiere wie Löwen, Tiger, Elefanten, Meeresschildkröten oder Wale dürfen innerhalb der Stadtgrenzen nicht gehalten werden.“ Und schließlich: „Der Versammlung der Stadtverordneten obliegt es, darüber zu wachen, dass das Wasser jeden Tag bei Flut steigt und bei Ebbe fällt und die Brandung heranrollt.“ Und damit verabschiedete der aus der gesamten Einwohnerschaft bestehende dreiköpfige Rat von Lonelyville einstimmig die von ihm selbst eingebrachten Gesetze.

Lonelyville liegt im Osten von Fire Island, einer knapp fünfzig Kilometer langen Sanddüne, die in rund sechs Kilometer Entfernung parallel zu Long Island verläuft und aufgrund ihrer Topografie permanenten Veränderungen durch Wetter und Klima unterworfen ist.

Der erste ständige Bewohner der Insel, die bis ins späte 17. Jahrhundert ein Zentrum des Walfangs war, hieß Jeremy Smith. Laut Insellegende baute er sich 1795 eine Hütte am Strand und vertrieb sich die Zeit damit, Schiffe an Land zu locken, die Mannschaft zu ermorden und die Ladung zu plündern. Smiths heimtückisches Treiben war jedoch nicht die einzige unschickliche Betätigung auf Fire Island. Sklavenhändler nutzten die Insellage, um hier Sklaven gefangen zu halten und zu foltern; später versteckten Rumschmuggler ihr kostbares Gut zwischen den Dünen und Bäumen.

Zum Glück erfolgte in der jüngeren Geschichte eine Wende zum Besseren – mit der Eröffnung eines Restaurants im Jahr 1880, das zur Keimzelle für die Gemeinde Cherry

Grove wurde, fiel der Startschuss für eine umfangreichere Besiedlung der Insel. Auf Initiative der Chautauqua Assembly, einer äußerst populären christlichen Bewegung der damaligen Zeit, die die Erwachsenenbildung vorantrieb, entstanden in den 1890er-Jahren Feriensiedlungen und kleine Orte. Der ganz eigene Lebensstil und die Kultur der Insel zogen vor allem New Yorker an, die dem Stadtleben für eine Weile entfliehen wollten. Anfang des 20. Jahrhunderts erwarben Bauunternehmer Inselgrundstücke und verkauften sie als Baugrund für Ferienhäuser an reiche Städter – die Entwicklung der schmalen Insel zum begehrten Domizil war nicht mehr aufzuhalten. Im Lauf der Zeit wurde sie in kleine autonome Gemeinden aufgeteilt, von denen jede eine spezielle Demografie und Identität aufweist.

Im Sommer 1908 kauften drei Freunde gemeinsam ein unbebautes Inselgrundstück: Harry Brewster, Ex-Friedensrichter, Harry Raven, Ex-Bankangestellter, und Selah Clock, Ex-Steuereinnehmer. Als Referenz an ihre Nachnamen nannten sie ihre drei bescheidenen Strandhütten Brewster's Bungalow, Raven's Ranch und Clock's Castle. Die Männer verbrachten ihre Sommer mit Entenjagd, Fischfang und Müßiggang, „speisten abwechselnd auf Kosten der jeweils anderen und tauschten Geschichten aus". Bei einem solchen Essen „zermarterte sich Brewster das Hirn nach einem Namen für die Ansammlung von ‚Buden' der Strandkolonie, und beinahe sofort bot sich ‚Lonelyville' an." Und dann, so wird erzählt, „wurde der Ferienort unter allgemeinem Beifall mit Champagner getauft und auf dem Meer des Ruhms zu Wasser gelassen."

Nach und nach wurde aus der Ansammlung von Strandhütten eine lebendige Gemeinde. 1963 erwarben der Komiker und Regisseur Mel Brooks und seine Frau Anne Bancroft am strandnahen No Name Walk ein Schindelhaus, das der berühmte amerikanische Künstler und Architekt Richard Meier entworfen hatte. Brooks, der den schwarzen Humor der Gründungsväter von Lonelyville bestimmt zu schätzen wusste, feierte dort gerne Partys, bei

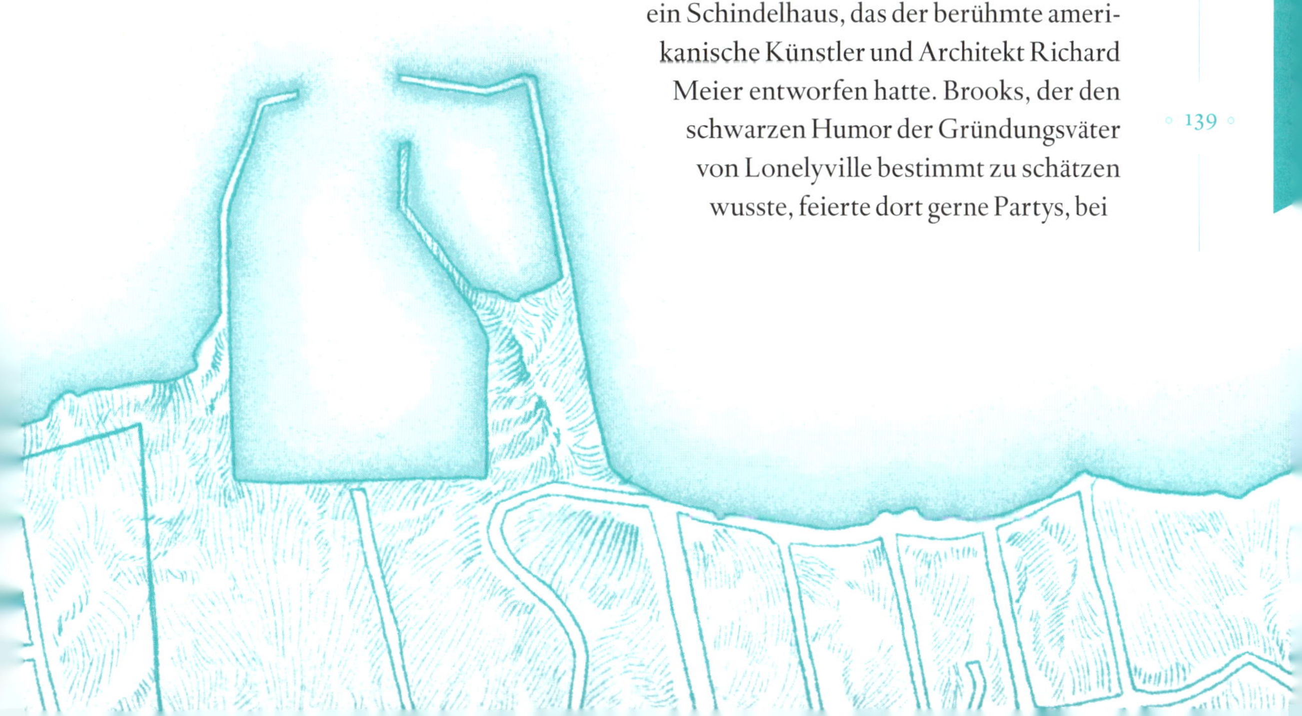

Zeichnung von Lonelyville, um 1908.

denen er seine Gäste mit improvisierten Comedy-Auftritten unterhielt. Auf einer dieser Partys hatten Mel Brooks und Comedy-Legende Carl Reiner die Idee zu einem Sketch mit dem Titel „Der 2000-jährige Mann". Daraus entwickelte sich in den 1970er-Jahren eine Fernsehshow, in der Reiner Brooks die Frage stellte, wie es sich anfühle, 2000 Jahre alt zu sein. Brooks formulierte witzige Antworten aus der Perspektive eines Menschen, der Zeuge der Weltgeschichte geworden war.

Schutzlos den Naturgewalten ausgesetzt, wurde Fire Island 2012 vom Hurrikan Sandy schwer getroffen. Der Sturm richtete verheerende Schäden an, machte Häuser dem Erdboden gleich und setzte Teile der Insel unter Wasser. Auf schmerzhafte Weise wurde den Bewohnern klar, wie verwundbar sie auf der flachen Düne waren. Was auf Fire Island passiert ist, kann als Symbol und als Warnung für globale Prozesse gesehen werden: Für etliche Klimaforscher war der Hurrikan Sandy lediglich ein weiteres bedrohliches Zeichen der Erderwärmung, und sie sagen voraus, dass in weniger als zweihundert Jahren Lonelyville sowie alle tiefer gelegenen Landstriche weltweit im Meer versunken sein werden.

„Bei Komik geht es um Wahrheit und ums Versagen", schreibt die britische Comedienne Holly Burn, „sie beschäftigt sich mit dem Sündenfall des Menschen und der *Conditio humana*. Mit ihrer Hilfe können wir uns und die Welt, in der wir leben, besser verstehen.“

Indem Brooks die fiktive Perspektive eines 2000-jährigen Mannes einnahm, bediente er die elementare Gleichung der Komik, die da lautet: Komödie ist gleich Tragödie plus Zeit. Aus Brooks Perspektive als Zeitzeuge von Jahrtausenden ist die Geschichte des Menschen kaum mehr als eine einzige Abfolge von Pannen und Missgeschicken, eine epische Tragikomödie, in der die hilflos und stümperhaft agierende Menschheit die Hauptrolle spielt, eine Slapstick-Produktion auf der Bühne der Welt.

„Tragödie ist, wenn ich mich in den Finger schneide“, sagte Brooks einmal. „Komödie ist, wenn du in einen offenen Abwasserschacht fällst und stirbst.“ Falls wir, wie Klimaforscher warnen, am Rand eines offenen Abwasserschachts namens Erderwärmung balancieren, wird es also keine Tragödie, sondern eher eine Komödie sein, wenn Lonelyville schließlich im Meer versinkt.

Strandhaus von Mel Brooks und Anne Bancroft in Lonelyville, 1963.
Bild mit freundlicher Genehmigung von Ricahrd Meier & Partners Architects.

• 38° 46′ 34″ N
• 84° 3′ 26″ W

Utopia, Ohio, USA

JEDE *UTOPIE BIRGT* eine Dystopie. Die verlockende Idee einer perfekten Gesellschaft ist vermutlich so alt wie die Gesellschaft selbst. Erstmals tauchte das Wort *Utopia* als Titel des 1516 erschienenen Romans von Sir Thomas More auf. In seiner visionären Erzählung ersinnt More eine Insel namens Utopia, deren Bewohner in beispielhafter gesellschaftlicher Harmonie leben. Utopia war ein Gegenentwurf zum damaligen Europa und besaß alles, was diesem fehlte – Religionsfreiheit, Kollektiveigentum, Bildung für alle. Mann und Frau waren gleichberechtigt, und alle Arbeit, an der sich jeder beteiligte, war sinnvoll. Mores utopische Vision stellte sich gegen die religiöse Strenge, unter der Europa in der Zeit vor der Aufklärung litt. Die Reisen Christoph Kolumbus' hatten More ebenso wie viele andere inspiriert, denn mit der Entdeckung der Neuen Welt knapp zwanzig Jahre zuvor schien sich die reale Möglichkeit für eine erneuerte und perfekte Gesellschaft aufzutun. Doch auch schon lange bevor der Begriff „Utopie" geprägt wurde, hatte es fiktive utopische Gesellschaften gegeben. Der Garten Eden, Platos *Politeia,* das Schlaraffenland oder Bacons *Neu-Atlantis* suggerierten, dass die Vertreibung aus dem Paradies vielleicht nicht unwiderruflich war. Als Kolumbus dann die Neue Welt betrat und den Ureinwohnern begegnete, wähnte er sich in eben diesem Paradies.

Mitte des 20. Jahrhunderts veränderten einige Romane nochmals unsere Vorstellung von der Zukunft. George Orwells *1984,* Aldous Huxleys *Schöne neue Welt* und Ray Bradburys *Fahrenheit 451,* alle kurz vor oder nach dem Dritten Reich geschrieben, sind keine hoffnungsfrohen Visionen einer idealen Welt, sondern eindringliche Warnungen vor menschlicher Korrumpierbarkeit und gesellschaftlichem Niedergang. Sie warnen vor Versuchen einer Utopie, da diese, wie die Geschichte gezeigt hat, in Diktatur und Totalitarismus münden – mit anderen Worten, in eine Dystopie.

Die ersten Einwanderer in der Neuen Welt erkannten, dass sich die anstehenden Aufgaben besser gemeinsam bewältigen ließen, und so bildeten sich nach und nach verschiedene kleine Gemeinden entlang der Grenze zum noch unerforschten Landesinneren. Viele, die vor religiöser Verfolgung in Europa geflohen waren, gründeten nun ihre eigenen Mikrogesellschaften, in denen sie die Möglichkeit hatten, sich das bisher nur erträumte Leben aufzubauen. Unter der Leitung charismatischer Führungspersönlichkeiten formten sich diese Gemeinden auf der Grundlage idealistischer Prinzipien und Religionsfreiheit. Bis 1900 gab es in Nordamerika bereits mehr als hundert unterschiedliche utopische Gemeinschaften.

Der französische Gesellschaftstheoretiker und Frühsozialist Charles Fourier hatte sich in Nordamerika eine treue Anhängerschaft aufgebaut. Fourier glaubte an kollektives Leben und Arbeiten; in seiner Vision bestand Utopia aus kleinen autonomen Genossenschaften, die er „Phalangen" nannte (von griechisch *phálanx,* „Schlachtreihe"). Eine Gesellschaft, die auf der Gleichberechtigung von Mann und Frau, gemeinsamen Investitionen und Kooperation beruhte, führte nach Fouriers fester Überzeugung zu einer erhöhten Produktivität und individuellem Glück. Da die Arbeit den Einzelnen je nach Bedürfnis und Interesse zugeteilt werden sollte, wäre auch die Zufriedenheit gesichert. Beschwerlichere, unbeliebte Aufgaben wie das Pflügen der Felder sollten besser bezahlt werden (oder möglicherweise von jüdischen Zwangsarbeitern erledigt werden, denn in Fouriers Augen waren die Juden schuld an den Auswüchsen des Kapitalismus). Gemeinsames, genossenschaftliches Leben war für Fourier zwingend erforderlich. Dafür entwarf er einen gewaltigen Bau, das sogenannte Phalansterium. Es bestand aus einem zentralen Gebäude mit zwei Seitenflügeln, in dem neben Privatwohnungen auch ein Speise- und Gemeinschaftsraum, Bibliotheken, eine Schule, ein Ballsaal, eine Werkstatt und ein Spielzimmer untergebracht waren. In Fouriers Utopia sollte eine Begrenzung auf genau 1620 Mitglieder die soziale Harmonie garantieren (denn Fouriers Auffassung nach gab es 810 Charaktertypen, die aus den zwölf menschlichen Leidenschaften resultierten). Auf diese Weise könnten jeder Wunsch, jedes Bedürfnis und jedes Verlangen gebührend befriedigt werden. Es sollte eine Gesellschaft ohne Regierung, entfesselten Kapitalismus und Ausbeutung menschlicher Arbeitskraft sein – für Fourier die Geißeln der modernen Welt. Während viele von Fouriers Ideen einleuchtend und sogar umsetzbar sind, wirken andere völlig realitätsfern. So glaubte er,

Perspektivische Ansicht und Grundriss von Charles Fouriers *Phalansterium.*

dass seine utopische Welt 80.000 Jahre (bestehend aus jeweils sechs Monden) existieren und in dieser Zeit 37 Millionen Homer ebenbürtige Dichter hervorbringen würde, dass es am Nordpol wärmer werden würde als im Mittelmeerraum (inzwischen nicht mehr völlig abwegig), dass die Meere dann nicht mehr salzig, sondern wie Limonade schmecken würden, und dass jede Frau nicht weniger als vier Ehemänner hätte.

Obwohl Fourier mit einigen seiner Vorhersagen weit übers Ziel hinausschoss, wuchs seine Anhängerschaft. 1844, sieben Jahre nach seinem Tod, erwarben einige seiner Jünger gemeinsam ein Stück Land am Ohio River, um eine auf seinen Lehren basierende idealistische Gemeinschaft aufzubauen. Sie gaben ihr den Namen Utopia. Die Gemeinschaft wurde rasch größer; neu zugezogenen Familien wurde für einen jährlichen Beitrag von 25 Dollar ein Blockhaus und eine Parzelle zugeteilt. Doch bereits nach zwei Jahren machte sich bei den Mitgliedern, die ungeduldig auf den Beginn der 80.000 Jahre währenden perfekten Harmonie warteten, Ernüchterung breit. Immer mehr Menschen verließen die Gemeinschaft, daraufhin ging sie bankrott.

1847 kaufte John Wattles, ein charismatischer spiritistischer Führer, das Land und brachte seine hundert Anhänger nach Utopia. Es war der ideale Ort für eine spiritistische Gesellschaft – ein entlegener Landstrich von 570 Hektar am Ohio River, wo sie ohne Einflüsse der modernen Gesellschaft leben konnte. Die Mitglieder verschmolzen christliche Glaubensinhalte mit dem neu aufgekommenen Spiritismus und lebten streng vegetarisch und abstinent. Wattles war ein Vertreter der „harmonischen Philosophie", eines Glaubenssystems, das der charismatische Hellseher und Magnetiseur Andrew Jackson Davis entwickelt hatte, der sich bei seinen Heilmethoden auf Franz Anton Mesmer berief. 1847 veröffentlichte Davis *The Principles of Nature, Her Divine Revelations and a Voice to Mankind* („Die Prinzipien der Natur, ihre göttlichen Offenbarungen und eine Stimme an die Mensch-

Spiritistische Séance, Fotografie von William Hope, um 1920.

heit"). Stark beeinflusst von den sozialistischen Schriften Fouriers, glaubte er an die Existenz utopischer Welten auf fernen Planeten, bewohnt von hochintelligenten, attraktiven und tugendhaften Wesen. Davis vermischte seine eigenen Ideen mit Fouriers Theorien der Wiedergeburt und behauptete, es sei möglich, als höherstehendes Wesen auf einem anderen Planten wiedergeboren zu werden – oder gar als anderer Planet.

Kurz nachdem die Spiritisten nach Utopia gezogen waren, beschlossen sie, das Versammlungshaus Stein für Stein näher ans Ufer des Ohio River zu versetzen. Am 13. Dezember 1847, nur wenige Tage, nachdem das Werk vollendet war, führte heftiger Regen zu einer Sturzflut, die den Fluss anschwellen ließ und eine der schlimmsten Überschwemmungen des 19. Jahrhunderts verursachte. Unglücklicherweise befanden sich die Bewohner von Utopia gerade bei einer Feier im Versammlungshaus, als die Flut kam; die Wassermassen zerstörten das Gebäude und rissen die Menschen mit. Nur wenige überlebten. Die meisten ertranken in dem eisigen Wasser oder starben an Unterkühlung.

„Allerorten spricht man mit Hochachtung von der hohen Moral und Sittlichkeit der Getöteten", schrieb eine Lokalzeitung kurz nach der Überschwemmung, „die sich mit ganzer Kraft dem Wohlergehen und dem Fortschritt der Menschheit gewidmet haben." Auch wenn Utopia nicht in eine Orwell'sche Dystopie abglitt, so wurde es aufgrund von Umständen außerhalb seiner Kontrolle seinem idealistischen Namen dennoch nicht gerecht. Das Wort Utopie stammt aus dem Griechischen, *ou tópos* bedeutet „Nicht-Ort". Es erscheint also passend, dass Utopia wieder zu einem abstrakten und unrealisierten Ideal werden sollte. Schließlich verweist bereits der Name auf das paradoxe Versprechen der Nichtexistenz. Doch vielleicht existiert sogar ein solcher Ort: Man braucht nur die soziale und wirtschaftliche Ungleichheit im modernen Amerika zu betrachten, um zu erkennen, dass die Utopie des einen die Dystopie des anderen ist.

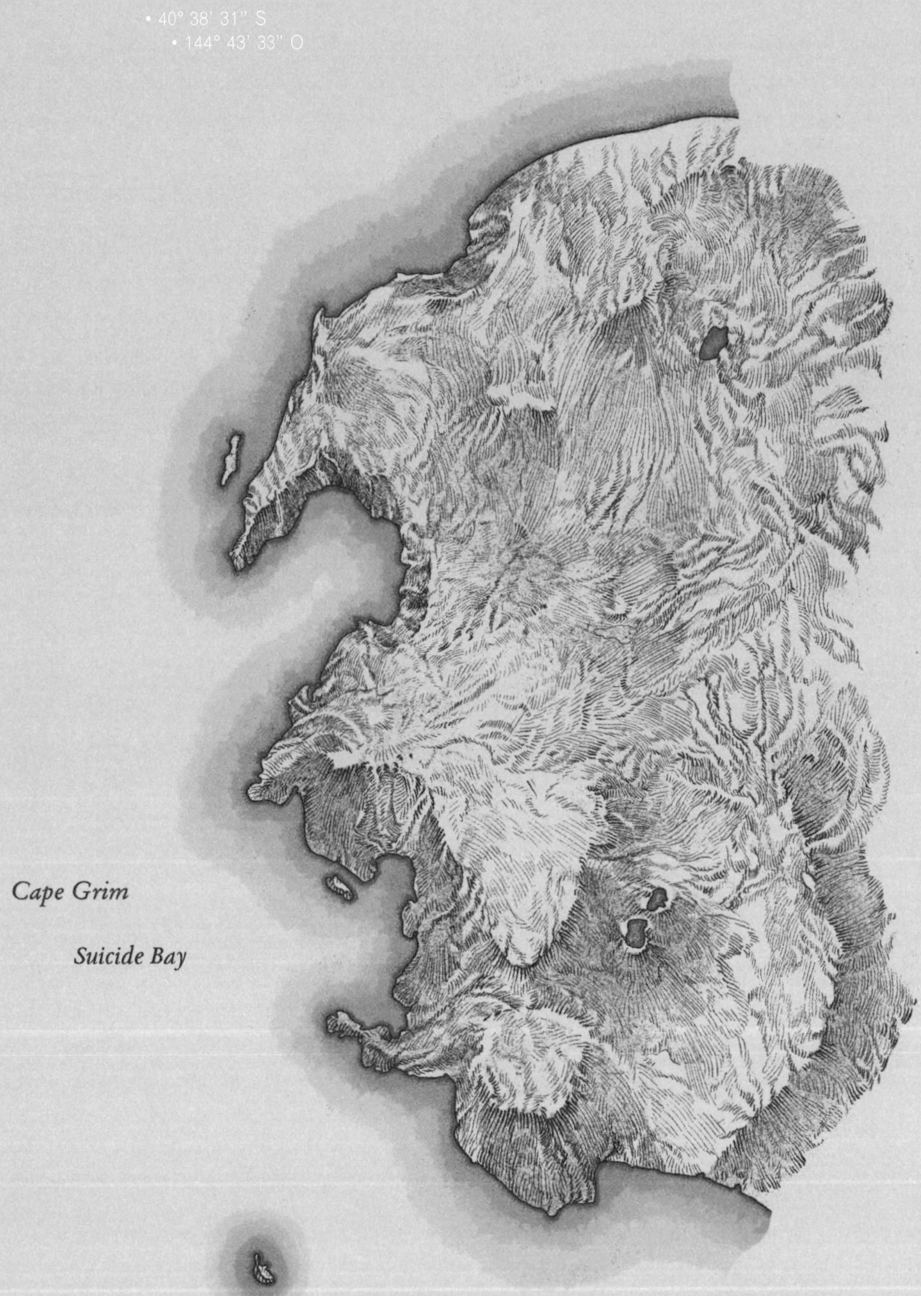
• 40° 38' 31'' S
• 144° 43' 33'' O
Cape Grim
Suicide Bay

Cape Grim (Kap Trostlos), Tasmanien, Australien

MAN SCHRIEB DEN 10. Februar 1828. Ein Sommermorgen auf der Südhalbkugel, die Luft war angenehm kühl, die See ruhig. Aborigine-Frauen schwammen hinaus zu den beiden steil aufragenden, oben üppig grün bewachsenen Felsformationen vor der Küste. Schaumkronen umspielten ihre nackten Körper. Die am Strand zurückgebliebenen Clanmitglieder sammelten weiter Holz für die Lagerfeuer, von denen bereits dünne Rauchsäulen in den Himmel stiegen. Mehrere Stunden später kehrten die Frauen mit nassen Bündeln in den Händen zurück, die wie fedrige Sträuße aussahen – sie hatten Kurzschwanz-Sturmtaucher gefangen und deren Füße mit Gräsern zusammengebunden. Die ungefähr siebzig Mitglieder des Peerapper-Clans versammelten sich an den Feuern, um den Fang zu verspeisen. Plötzlich krachten Musketen, Chaos brach aus. Die Menschen sprangen auf und rannten panisch durcheinander. „Einige eilten ins Meer", schrieb George Augustus Robinson 1830, „andere krabbelten um die Klippen, und wer blieb, wurde von den Monstern getötet. Jene armen Kreaturen, die Schutz in den Spalten der Klippen gesucht hatten, wurden an den Rand eines schrecklichen Abgrundes getrieben, alle massakriert und ihre Körper den Abgrund hinuntergeworfen."

Nur 25 Jahre zuvor, im Jahr 1803, war Leutnant John Bowen auf Befehl von Gouverneur Philip King zu der unerforschten Insel südlich des australischen Festlands gesegelt und hatte an der dortigen Ostküste einen Außenposten errichtet. Entdeckt worden war die Insel 1642 vom Niederländer Abel Tasman, der sie zu Ehren seines Auftraggebers Van-Diemens-Land genannt hatte. Durch ihre Lage und ihr weitläufiges, zerklüftetes Terrain, das eine Flucht schier unmöglich machte, war sie ein geradezu idealer Ort für die Sträflinge, die mit dem Schiff aus England eintrafen. Während besonders aufsässige Gefangene in die berüchtigte Strafkolonie Port Arthur verbannt wurden, arbeiteten die anderen ihre Strafe bei freien Siedlern, in Betrieben und auf Baustellen ab. 1826 gründete sich die Van Diemen's Land Company, der 100.000 Hektar Land im Nordwesten für die Haltung von Merinoschafen zugewiesen wurden. Weder die Handelskompanie noch die Regierung störten sich daran, dass dort mehrere Stämme von Aborigines lebten, es sich also keineswegs um unbewohntes Land handelte. Unbeirrt wurden weiterhin Schafe und Sträflinge angelandet. Und die Van Diemen's Land

Company gab sich nicht damit zufrieden, das Land zu beschlagnahmen, nein, sie ging fast von Anfang an äußerst brutal gegen die ansässigen Ureinwohner vor.

Den Angriff auf den Peerapper-Clan – bei dem etwa dreißig Männer abgeschlachtet wurden – hatten vier Angestellte der Van Diemen's Land Company verübt. Doch war der Zwischenfall, der als Cape-Grim-Massaker in die Geschichte einging, nur eine Gewalttat von vielen in einem lange andauernden Krieg zwischen Ureinwohnern und Siedlern. Je mehr Siedler und Sträflinge auf die Insel strömten, desto häufiger kam es zu blutigen Auseinandersetzungen mit den Ureinwohnern. Sexuell ausgehungerte Sträflinge entführten, vergewaltigten und ermordeten Frauen und Mädchen der Aborigines. Die Stämme reagierten mit Guerillataktik, was wiederum zu Vergeltungsmaßnahmen der Siedler führte.

Wir müssen uns den Rassentheorien des 19. Jahrhunderts zuwenden, um zu verstehen, warum der Genozid an der eingeborenen Bevölkerung – nicht nur in Van-Diemens-Land, sondern in ganz Australien – keinen Aufschrei auslöste. Als Charles Darwin im Januar 1836 Australien erreichte, glaubte er ganz naiv, dass eine „noch rätselhaftere Kraft" für das beschleunigte Aussterben der Aborigines verantwortlich sei. In seinem Buch *Die Fahrt der Beagle* notierte er: „Die Varietäten des Menschen scheinen wie verschiedene Tierarten aufeinander einzuwirken – wobei der Stärkere stets den Schwächeren ausrottet." Seine unglückselige Verknüpfung von Tier und Mensch wurde als wissenschaftlicher Beweis und somit Legitimation für Englands imperiale Unterwerfung der Ureinwohner Australiens angesehen. Der daraufhin geprägte Begriff „Sozialdarwinismus" legte nahe, dass sogenannte „primitive Rassen" den „zivilisierten" Nationen unterlegen seien. Eingeborene Kulturen, so glaubte man allgemein, seien evolutionär rückständig und daher zum Aussterben bestimmt. Die Briten würden das Unausweichliche nur beschleunigen. „Ob die Schwarzen vonseiten der Siedler Gnade verdient haben, ist eine offene Frage", schrieb Harold Finch-Hatton, ein früher Befürworter von Australiens interner Selbstverwaltung, „aber dass sie keine bekommen, ist sicher. Sie sind eine dem Untergang geweihte Rasse, und in wenigen Jahren werden sie komplett verschwunden sein." Der englische Schriftsteller Anthony Trollope glaubte, die australischen Aborigines seien „unzähmbare Wilde, Menschenaffen gleich, die den Gang und das Benehmen eines nichtsnutzigen weißen Dandys nachahmen", und behauptete später: „… es ist ihr Schicksal, abgeschafft zu werden." Für die imperialistischen Viktorianer war dies der Beweis für Darwins Evolutionstheorie und das Überleben des Stärkeren. „Wo sich der Europäer auch hinwendet", beobachtete Darwin selbst, „scheint der Tod die Eingeborenen zu verfolgen."

Mitten in der auf beiden Seiten eskalierenden Gewalt auf Van-Diemens-Land wurde der evangelikale Prediger George Augustus Robinson zum Vermittler zwischen Siedlern und Aborigines bestimmt. Im November 1828 hatte Vizegouverneur George Arthur das Kriegsrecht verhängt und eine Prämie für die Gefangennahme oder das Töten von Aborigines ausgesetzt (5 Pfund für jeden Erwachsenen, 2 Pfund für Kinder). Was schließlich als der „Black War" bekannt wurde, kostete knapp zweihundert Siedler das Leben, führte aber letztlich zum Aussterben der gesamten Urbevölkerung der Insel.

Robinson, der mit den Aborigines sympathisierte, untersuchte das Massaker am Cape Grim. Es erwies sich als letzter Zwischenfall in einer Kette immer weiter eskalierender Racheakte, deren Ursache bereits Monate zurücklag. Männer der Van Diemen's Land Company hatten versucht, mehrere Aborigines-Mädchen in ihre Hütte zu locken. Es kam zu einem Kampf, bei dem das Bein eines Arbeiters von einem Speer durchbohrt wurde und einige männliche Aborigines starben. Aus Rache umzingelten etliche Stammesangehörige die Schafherde der Kompanie und trieb sie über die Kante einer Klippe, derselben Klippe, von dem später ihre Leichen geworfen wurden.

Nachdem Vizegouverneur Arthur die letzten verbliebenen Aborigines hatte zusammentreiben lassen, beauftragte er Robinson, sie auf Flinders Island umzusiedeln, eine kleine Insel in der Bass Strait. Robinson stimmte zu, da er ihre Ausrottung befürchtete. Mithilfe der Aborigine-Frau Truganini gelang es Robinson, die meisten Ureinwohner von einem Umzug nach Flinders Island zu überzeugen. Er versprach ihnen Nahrung, Unterkunft und Sicherheit vor Verfolgung, bis sich die Lage auf Van-Diemens-Land beruhigt habe. Ende 1835 waren beinahe alle Aborigines erfolgreich umgesiedelt.

Robinsons gut gemeinte Bemühungen, die verbliebenen Ureinwohner zu retten, erwiesen sich jedoch als deren Todesurteil. Auf Flinders Island versuchte er sie mit einem strengen Umerziehungsprogramm zu „zivilisieren und christianisieren". Es war ihnen verboten, ihre traditionellen Gebräuche zu praktizieren, sie wurden gezwungen, europäische Kleidung zu tragen, und bekamen europäische Namen. Die Männer mussten das Land roden, Schafe scheren und Straßen und Zäune bauen, während die Frauen Wäsche wuschen und nähen lernten. Der von Robinson versprochene Zufluchtsort ähnelte zusehends einem Gefangenenlager, aus dem es kein Entrinnen gab. Krankheiten grassierten und töteten den Großteil der indigenen Bevölkerung. Schließlich verließ Robinson desillusioniert von seinem Projekt die Insel. 1847 waren nur noch 47 Menschen übrig, die erneut umgesiedelt wurden, diesmal nach Oyster Cove südlich von Hobart.

„In einer künftigen Zeit“, schrieb Darwin in *Die Abstammung des Menschen,* „die, nach Jahrhunderten gemessen, nicht einmal sehr entfernt ist, werden die zivilisierten Rassen der Menschheit wohl sicher die wilden Rassen auf der ganzen Erde ausgerottet und ersetzt haben.“ Bevor europäische Siedler 1803 nach Van-Diemens-Land kamen, lebten dort schätzungsweise 7.000 Aborigines, deren Wurzeln an die 40.000 Jahre zurückreichten. 1905, ein Jahrhundert nach Ankunft der Europäer, war kein einziger mehr übrig.

„Die Geschichte wird von den Siegern geschrieben“, heißt eine geläufige Redewendung. Nicht die Opfer, sondern die Sieger kreieren ihre Version der Geschichte, die im Lauf der Zeit zur anerkannten Geschichte einer Epoche wird. Auf Landkarten und in Dokumenten von Van-Diemens-Land wird die Klippe, von der die 30 ermordeten Peerapper geworfen wurden, Victory Hill (Siegeshügel) genannt. Und der felsige Strand darunter erhielt den irreführenden Namen Suicide Bay (Selbstmordbucht). „Es ist niemals ein Dokument der Kultur, ohne zugleich ein solches der Barbarei zu sein“, schrieb Walter Benjamin. In einem Versuch, sich von der dunklen Vergangenheit zu befreien, wurde Van-Diemens-Land 1856 in Tasmanien umbenannt.

Proklamation des Gouverneurs George Arthur an die Aborigines, um 1830 (fälschlicherweise Thomas Davey zugeschrieben und 1816 datiert). Mithilfe der vier Zeichnungen sollte den Ureinwohnern die Idee der Gleichheit vor dem Gesetz erklärt werden.
Bild mit freundlicher Genehmigung der Mitchell Library, State Library of New South Wales.

• 49° 14' 59'' N
• 94° 45' 03'' W

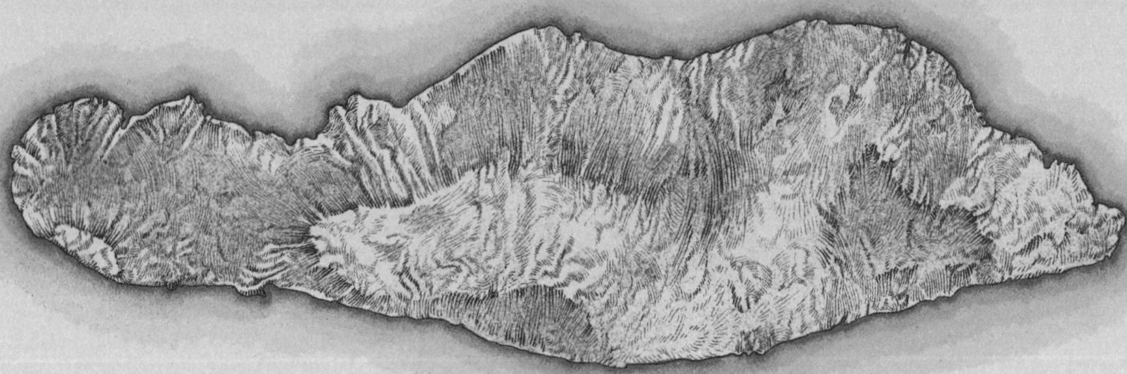

Massacre Island

Massacre Island (Massakerinsel), Ontario, Kanada

KAUM ETWAS VERSINNBILDLICHT das 18. Jahrhundert besser als der Kastorhut aus schwarzem Biberhaarfilz. Seit er Ende des 16. Jahrhunderts erstmals in den europäischen Salons aufgetaucht war, nahm die Beliebtheit dieses bald unverzichtbaren modischen Accessoires rasant zu und schmückte gute zweihundert Jahre lang die Männerköpfe.

Mehr als jedes andere Kleidungsstück gab so ein Hut Aufschluss über Reichtum, Status und gesellschaftliches Ansehen; aber auch über Einkommen, Beruf und sogar die politische und religiöse Gesinnung. Ein Herr ging nicht ohne Hut – wobei es ziemlich egal war, ob dieser auf dem Kopf saß oder einfach unter dem Arm getragen wurde. Ein Mann ohne Hut war ein Niemand. Den Zylinder, auch als hoher Hut, Ofenrohrhut oder scherzhaft als Angströhre bekannt, gab es in mehreren Formen, je nachdem, welches Bild sein Besitzer von sich vermitteln wollte. Zur Auswahl standen der elegante Regent als Standard, der würdevolle d'Orsay oder der nach oben ausgestellte Wellington mit schwungvoller Krempe.

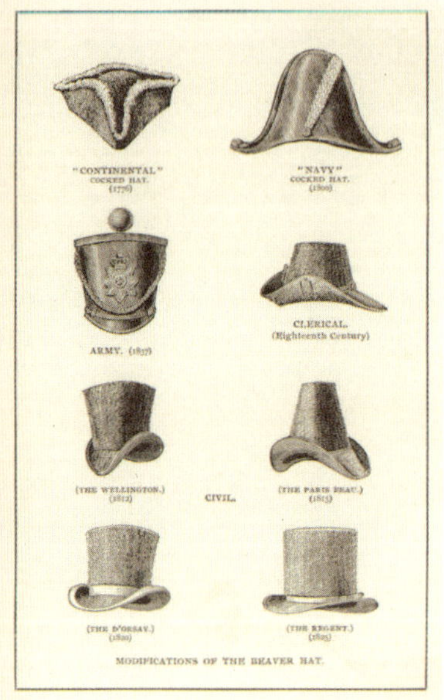

Hüte aus Biberhaarfilz in unterschiedlichen Formen und Stilen von 1776 bis 1825.

Dandys bevorzugten den auffälligen Paris Beau mit Kegelstumpfkrone, der oft mit einer einzelnen weißen Feder verziert war.

Neben Farbe und Form bestimmte vor allem das Material den Wert des Zylinders. Schaf, Kaninchen, Fuchs, Nerz, Otter und sogar Bär ließen sich gut filzen, nichts aber konnte sich mit der Eleganz des seidigen und dennoch robusten kanadischen Bibers messen. Für einen einzigen Zylinder brauchte man nicht weniger als zwei Kilogramm Biberfell. Das weiche Unterhaar wurde abrasiert, durchgewirbelt und verdichtet, es folgte das Filzen mittels Walken und Zugabe von Klebemitteln. Dann wurde der so gewonnene Filzstumpen auf einem Holzmodel mit heißem Dampf in die gewünschte Form gebracht. Die bei dem Prozess mehrfach eingesetzten Quecksilbersalze haben die ahnungslosen Hutmacher oft vergiftet, was zu dem Ausdruck „verrückt wie ein Hutmacher" führte.

Die unglaubliche Beliebtheit dieser eigentümlichen und erstaunlich unpraktischen männlichen Kopfbedeckung in Europa heizte die Nachfrage nach Biberfellen aus den nördlichen Breiten Amerikas gewaltig an, und so schlugen die dortigen Ureinwohner, die den Biber seit Generationen jagten, nun aus dem Handel Kapital. Sie tauschten die Felle bei französischen Siedlern und europäischen Händlern ein, allerdings nicht gegen Geld, sondern gegen Waren. Rasch wurde der Pelzhandel für die Europäer zur Triebfeder, die ihnen unbekannte Wildnis im Norden des Kontinents zu erforschen. Da Reisen auf dem Landweg notorisch langsam und sehr gefährlich waren, wurde nach Wasserstraßen gesucht. In den französischen Kolonien und Handelsposten kursierte das Gerücht, es gäbe im Westen Nordamerikas ein riesiges Binnenmeer, angeblich so groß wie die Hudson Bay oder der Golf von Mexiko. Viele glaubten, dass es am Pazifischen Ozean begann und sich von dort nach Osten hin bis tief ins Land ausbreitete. Die Franzosen nannten dieses sagenhafte Gewässer *Mer de l'Ouest* (Meer des Westens). Kurz nachdem man es erstmals auf Landkarten eingezeichnet fand, erbot sich

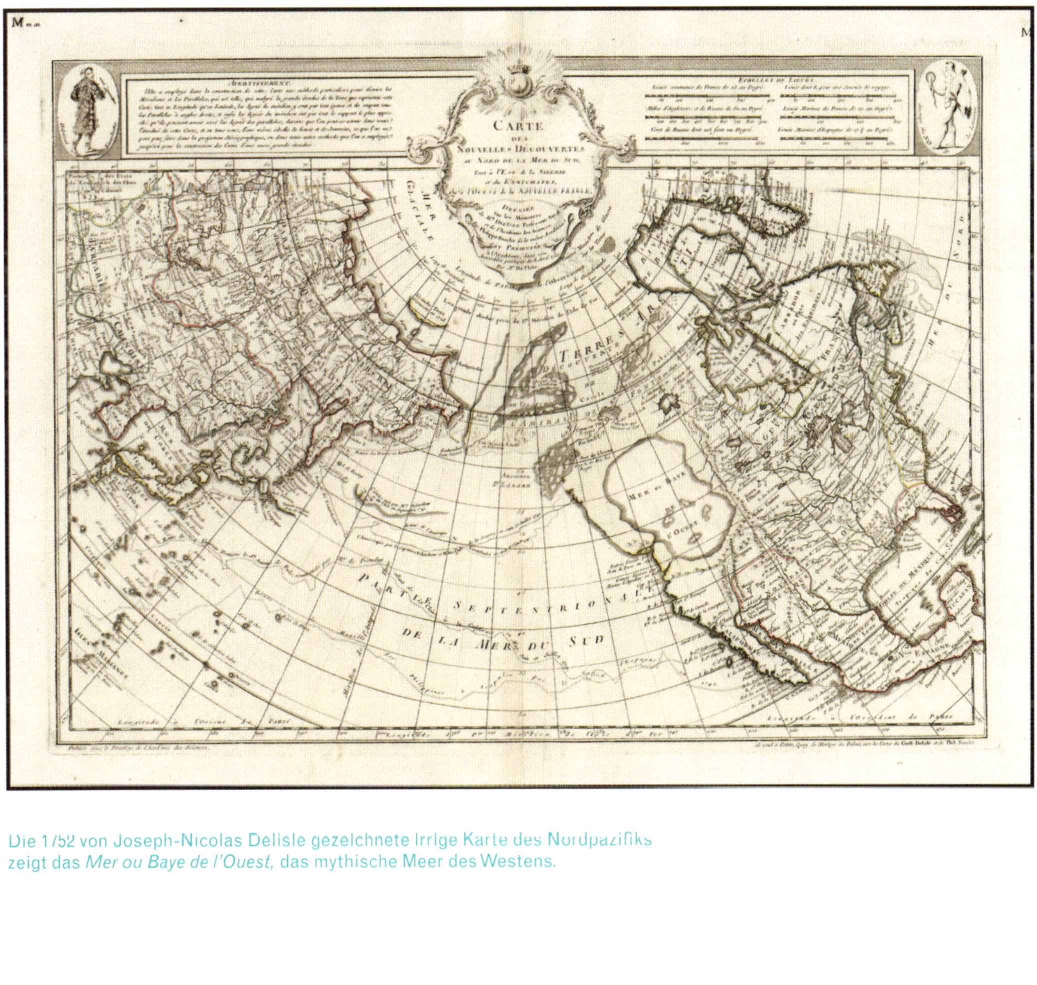

Die 1752 von Joseph-Nicolas Delisle gezeichnete irrige Karte des Nordpazifiks zeigt das *Mer ou Baye de l'Ouest*, das mythische Meer des Westens.

der französische Entdecker und Pelzhändler Pierre Gaultier de Varennes, sieur de La Vérendrye, seine Existenz zu beweisen. Finanziert durch Gelder aus dem Pelzhandel, brach La Vérendrye am 26. August 1731 zusammen mit seinen drei halbwüchsigen Söhnen Jean-Baptiste, Pierre und François sowie einem Erkundungstrupp von etwa fünfzig Mann in Montreal auf.

Zu Pferd kämpften sie sich durch unwegsames Gelände nach Westen vor und gründeten unterwegs neue Handelsposten, so auch Fort Saint-Charles am Lake of the Woods im folgenden Jahr, als sie es gerade mal halb durch den Kontinent geschafft hatten. Damals war dieses Gebiet Zentrum erbitterter Auseinandersetzungen zwischen den Stämmen der Cree, der Teton-Lakota, der Sioux, der Dakota und der Ojibwe und den europäischen Händlern, die sich untereinander und gegeneinander verbündeten und in einem komplizierten Wechselverhältnis von Krieg, Frieden und Handel standen.

Erst einige Jahre später zog La Vérendrye mit seinem Trupp weiter westwärts. Seinen Sohn Jean-Baptiste ließ er in Fort Saint-Charles zurück, um den Handelsposten zu führen. Dieser machte sich am Nachmittag des 5. Juni 1736 mit zwanzig weiteren Franzosen in drei großen Holzkanus auf den Weg, um in den Gemeinden Kaministikwia und Michilimackinac Vorräte zu besorgen. Dort wartete man jedoch vergeblich auf sie. Am übernächsten Tag traf eine Gruppe Rei-

sender aus dieser Richtung mit dem Kanu in Fort Saint-Charles ein, war den Männern um Jean-Baptiste aber rätselhafterweise nicht begegnet. Nun wurde ein Suchtrupp losgeschickt. Tags darauf erreichten die Männer eine kleine Insel im Osten des Sees. Sie schoben ihre Kanus an Land und durchkämmten die Insel, wo sich ihnen schließlich auf einer kleinen Waldlichtung ein entsetzlicher Anblick bot. Die 21 Vermissten „… lagen dicht an dicht in einem Kreis“, erinnerte sich einer aus dem Suchtrupp. „Ihre abgehackten Köpfe neben ihnen waren wie morbide Geschenke sorgfältig in Biberfelle gewickelt.“ Jean-Baptiste, „… bäuchlings auf dem Boden ausgestreckt, hatte einen zerhackten Rücken und eine große Wunde in seinen Lenden; sein kopfloser Rumpf war mit Strumpfbändern und Armbändern aus Stachelschweinstacheln geschmückt.“

Die Mörder wurden nie ausfindig gemacht, und es blieb den französischen Pelzhändlern überlassen, die grausige Szene und den kryptischen Schmuck der zerstückelten Leichen zu deuten. Insbesondere die in Biberfell gewickelten Köpfe beunruhigten sie. Symbolisierte dies den Groll gegenüber den Europäern, die mit ihrer unersättlichen Gier nach Biberfellen die Ausrottung der Tierart vorantrieben? Denn die Absurdität dieser Geste spiegelte ja gewissermaßen den absurden Zweck des Biberhaars wider: Sollte dieses doch die Köpfe von europäischen Männern schmücken, deren Streben fast ausschließlich dem Erwerb von Macht, Status und Reichtum galt.

• 51° 44' 41'' N
• 10° 41' 10'' O

Elend, Sachsen-Anhalt, Deutschland

E*LEND LIEGT IM* Herzen Deutschlands, in einer düsteren Landschaft aus Wäldern und Granitfelsen, die reich ist an Mythen und Sagen. Viele davon wurden Anfang des 19. Jahrhunderts als „... die Überreste eines bis in älteste Zeit hinauf reichenden Glaubens " in die Sammlung der Brüder Grimm aufgenommen.

Zudem befindet sich das idyllische Dorf auch noch am Fuß des Brockens, des höchsten Gipfels im Harz. Schon seit Generationen berichten Wanderer und Bergsteiger immer wieder von einer riesigen Gestalt, die sie im Nebel verfolgt habe, einer geisterhaften, von einem Lichtkranz umgebenen Erscheinung. Dieser optische Effekt, bekannt als „Brockengespenst", wurde erstmals 1780 von dem Naturforscher Johann Silberschlag beschrieben. In Wirklichkeit ist das Gespenst der eigene Schatten des Wanderers, der auf die feuchte Nebel- oder Wolkenschicht fällt.

Der Brocken ist eben kein gewöhnlicher Gipfel. Im Volksglauben gilt er seit dem 17. Jahrhundert als Ort der Hexen und Teufelsanbetung und spielt in wichtigen Werken der deutschen Kunst und Literatur eine Rolle. So versammeln sich angeblich in der Walpurgisnacht, der Nacht vom 30. April auf den 1. Mai, auf seinem Gipfel die Hexen zu einem Fest – in Goethes *Faust* jene Orgie, mit der Mephisto Faust in seinen Bann ziehen und von Gretchen ablenken will.

1784 verbrachte Goethe den Sommer in Elend und erkundete den Harz, insbesondere den Brocken. Er war vor allem von den bizarren Granitsäulen und Felsformationen fasziniert, denen der Berg seinen okkulten Ruf verdankt – markante Felsen mit Namen wie „Teufelsmauer", „Teufelskanzel" oder „Hexenaltar". Bei Goethe wurde der Brocken zu einem romantischen Sinnbild für den Pantheismus, in dem sich Gott in der Natur offenbart; den „Hexenaltar" verwendete er als Kulisse für die Walpurgisnacht in *Faust*. Goethes starkes Interesse am Granit, das an religiöse Verehrung grenzte, mündete in die Abhandlung „Über den Granit", die er in seinem Häuschen in Elend verfasste. Für ihn war der Granit Urgestein und erhabenstes Symbol einer verlorenen Welt; in seiner teils geologischen, teils lyrischen Betrachtung postuliert er, wenn auch fälschlicherweise, Granit stelle die „Grundfeste unserer Erde" dar. „Auf einem hohen nackten Gipfel sitzend", schrieb er, „und eine

Das sogenannte Hexenexperiment auf dem Brocken 1932 zu Goethes 100. Todesjahr. Laut einer Sage sollte es möglich sein, ein Ziegenböcklein bei Vollmond in einen Jüngling zu verwandeln. Der Versuch misslang.

weite Gegend überschauend, kann ich mir sagen: Hier ruhst du unmittelbar auf einem Grunde, der bis zu den tiefsten Orten der Erde hinreicht … keine aufgehäufte zusammengeschwemmte Trümmer haben sich zwischen dich und den festen Boden der Urwelt gelegt …“

In den folgenden Jahrhunderten sollten Goethes philosophische Gedanken über die Natur und den Menschen aufgegriffen und mit neuer Bedeutung gefüllt werden, zuerst von den Vertretern der deutschen Romantik, und später, Mitte des 20. Jahrhunderts, von den Nationalsozialisten. Letztere eigneten sich eine überhöhte Rhetorik an, mit der sie versprachen, ein gebrochenes und gedemütigtes Volk wieder zu einer stolzen Nation zu machen „und ein neues Deutschland zu schaffen, fußend auf dem germanischen, deutschen Gedanken, auf dem Urquell von Blut und Rasse …“, wie es 1937 ein Ortsgruppenleiter der NSDAP ausrief. Sie proklamierten eine neue, nationalsozialistische Kultur, die auf eine romantisierte mythische Vergangenheit zurückgriff, und unterfütterten sie mit der Ideologie von Rassenlehre und Reinheit des Blutes. Selbst der weitsichtige Goethe hätte sich nicht ausmalen können, in welch düstere Zukunft dieser völkische Fanatismus führen würde.

Auch Granit fand in diesen Kreisen neue Bewunderer. So übte das Gestein auf den Nazi-Architekten Albert Speer eine unwiderstehliche Anziehungskraft aus – als symbolträchtiges Baumaterial, auf dessen Grundlage das Dritte Reich die Ideen der deutschen Romantik für seine Zwecke plünderte und missbrauchte. In Speers Augen stand Granit für uralte, steingewordene Kraft und Reinheit. Daher setzten Hitler und er für den Bau der architektonischen Wunder ihres „Tausendjährigen Reiches“ auf Goethes Urgestein. Die parasitäre Dok-

trin des Nationalsozialismus schöpfte aus der deutschen Romantik; auch die Nazis waren fasziniert von der Düsternis der Seele, dem Heldentod – und Ruinen. Albert Speer prägte den Begriff „Ruinenwerttheorie": Gebäude und Denkmäler sollten so geplant und gebaut werden, dass ein würdiger Verfall möglich sei; sie sollten zu pittoresken Ruinen werden, damit sie auch in tausend Jahren noch „… die heroischen Inspirationen vermittelten, die Hitler an den Monumenten der Vergangenheit bewunderte". Daher bestand Speer anstelle von Beton auf natürliche Materialien wie Granit, denn dieser bringe, dem Marmor gleich, unübertrefflich ästhetische Ruinen hervor. „… die jahrtausendealten Steinbauten der Ägypter und Römer", erklärte Speer, stünden heute noch „als gewaltige Bauzeugen der Vergangenheit großer Völker da."

Die Luftangriffe der Alliierten verwandelten die Städte des Dritten Reiches dann allerdings nicht in die romantischen, malerischen Ruinen, die Speer vorgeschwebt hatten, sondern in ein Schlachtfeld aus Tod und Verwüstung. In Ostdeutschland wurde eine Diktatur durch die nächste ersetzt, und Goethes geliebtes Elend fand sich, wenn auch nur wenige Kilometer, auf der falschen Seite der Grenze wieder. Die neuen kommunistischen Herren zeigten sich wenig empfänglich für die Romantik des Granits, sondern erlagen dem zweckmäßigen Charme von Betonfertigteilen.

Mit Beton wurde Ostdeutschland wiederaufgebaut und die Mauer errichtet, die Deutschland die nächsten dreißig Jahre teilen sollte. Für Granit fand man jedoch ebenfalls Verwendung – in Form der rechteckigen Grenzsteine, die entlang der Westgrenze aufgestellt wurden. Sie trugen die schwarze Inschrift „DDR“ und erinnerten an Grabsteine, als wollten sie den drohenden Untergang bereits andeuten.

Die ehemalige innerdeutsche Grenze verlief quer durch den Harz.

Elend wurde der zweifelhafte Ruhm zuteil, offizieller Urlaubsort für die Mitarbeiter der Staatssicherheit zu sein, was unter den Einheimischen sicherlich für Beunruhigung sorgte. Als 1971 ein junger Mann aus dem Wäldchen am Ortsrand zur Grenzanlage rannte, durchbrach nur Augenblicke später Maschinengewehrfeuer die nächtliche Stille. Ostdeutsche Grenzsoldaten fanden den Schwerverletzten vor der grauen Betonmauer; er sollte seinen Versuch, in die grüneren Gefilde des Westens zu fliehen, mit dem Leben bezahlen. Außer ihm wurden 125 Menschen bei einem Fluchtversuch aus der DDR getötet; ihr sinnloser Tod steht für das Elend dieser Epoche. Nach der Wiedervereinigung 1989 avancierte das Dorf Elend erneut zu einem beliebten Reiseziel für Menschen aus Ost und West. Heutzutage wandeln im Sommer viele auf Goethes Spuren durch diese urtümliche Landschaft, deren von Mythen und Sagen umrankte Granitfelsen bis zum Anbeginn der Zeit zurückreichen.

Erinnerung an die Namenlosen

„Vergangen, nicht mehr zu sein, arbeitet leidenschaftlich in den Dingen.“
Walter Benjamin, *Das Passagen-Werk*

„Heute habe ich Los Angeles passiert und bin südwärts in Richtung der mexikanischen Grenze weitergegangen“, schrieb Albert Speer am 5. September 1965 in sein Tagebuch. „Gnadenlose Sonne auf staubigen Wegen. Die Sohlen brannten auf der heißen Erde, die seit Monaten keinen Regen gesehen hat“.

Vor einigen Jahren bekam ich ein Exemplar von Albert Speers Spandauer Tagebüchern geschenkt, eine Sammlung von Einträgen, die er im Lauf von zwanzig Jahren auf Toiletten- und Zigarettenpapier aus dem Gefängnis herausgeschmuggelt hatte und die 1975 veröffentlicht wurde. Der berüchtigte Nazi-Architekt saß in Berlin-Spandau ein, nachdem er in Nürnberg knapp dem Galgen entgangen war.

An jenem Tag Anfang September wanderte Speer aber keineswegs an Los Angeles vorbei, sondern war im Gefängnis, demselben wie seit zwanzig Jahren. In seinem Überfluss an freier Zeit hatte er sich angewöhnt, lange meditative Runden im Gefängnisgarten zu drehen. Der von ihm selbst entworfene, relativ große Garten war kunstvoll angelegt, mit Obstbäumen und sich schlängelnden Pfaden, einem Steingarten und Blumenbeeten. Speer zählte akribisch jede seiner Runden, indem er Erbsen von einer Jackentasche in die andere schob, um abzuschätzen, wie viele Kilometer er gegangen war.

Eines Tages fiel ihm ein, dass er eine imaginäre Reise vom Gefängnis zu seinem etwa 626 Kilometer entfernten Elternhaus nach Heidelberg unternehmen könnte. Jeden Abend zeichnete er die Entfernung, die er im Garten zurückgelegt hatte, auf einer Karte von Deutschland ein, die er aus der Gefängnisbücherei ausgeliehen hatte. Nach mehreren Wochen des Wanderns erreichte er am 19. März 1955 schließlich Heidelberg. Dann hatte Speer eine andere Idee. Er schrieb an Freunde und bat sie, ihm Landkarten und Reiseführer vom Nahen Osten, von Asien und Nordamerika zu schicken. Wie ein Rucksacktourist, der sich für eine Weltreise rüstet, vertiefte er sich in Atlanten, Weltkarten, Geschichtsbücher und Reiseberichte. In den nächsten zwölf Jahren wanderte Speer von Berlin aus quer durch Europa, durch Südasien, weiter nach China und über die Beringstraße, durch Kanada und entlang der Westküste Nordamerikas nach Mexiko. Bei jeder Runde im Garten wanderte er nun wie in Trance um die Welt.

Sorgfältig notierte der rastlose Gefangene in seinem Tagebuch Details der Orte, die er besuchte. „*13. Juli 1959:* Heute in Peking angekommen. Aber als ich zum kaiserlichen Palast kam, fand auf dem großen Platz gerade irgendeine Kundgebung statt." „*24. Februar 1963:* In nächster Nähe der Beringstraße immer noch steiniges Hügelland, endlose Sicht auf baumlose Felslandschaft …"

Die Welt, die Speer durchwanderte, war keine unbeschriebene Landschaft, denn er belebte sie mit seiner persönlichen topografischen Erzählung. „Geschichten sind Kompass und Architektur", schreibt Rebecca Solnit. „Mit ihnen navigieren wir, wir errichten unsere Heiligtümer und unsere Gefängnisse auf ihrer Grundlage, und keine Geschichte zu haben bedeutet, in der endlosen Weite einer Welt verloren zu sein, die sich in alle Richtungen erstreckt wie die arktische Tundra oder Meereis."

Unbelastet von den praktischen Problemen und Unannehmlichkeiten echter Reisen – sperriges Gepäck, Verlust des Reisepasses, auf Flüge warten, den Weg verlieren, Erschöpfung, Sonnenbrand und so weiter – stand es Speer frei, die Welt genau so zu erleben, wie er es wollte. Er bestimmte, wann es regnete. Die Berge waren steil, falls er sie so haben wollte. Er verirrte sich, wenn ihm danach war. Bei ihm gewann das Reisen mit dem Finger auf der Landkarte eine ganz neue Qualität. Wie ein einsamer Pilger wanderte er durch die grenzenlose Landschaft seiner Vorstellung und überwand so nicht nur die Gefängnismauern, sondern die zeitliche und räumliche Begrenztheit der Welt an sich. An seinem letzten Abend im Gefängnis schickte er einem Freund dieses Telegramm: „Bitte 35 Kilometer südlich Guadalajara in Mexiko abholen."

Als Speer das Gefängnis am 1. Oktober 1966 Schlag Mitternacht als freier Mann verließ, war er insgesamt 31.936 Kilometer um die Welt gelaufen. Ironischerweise reiste er nach dem Gefängnis dann gar nicht mehr, der Weltschmerzreisende verließ seine Heidelberger Villa überhaupt nur noch selten. Bis auf seine letzte Reise: Am 1. September 1981 flog er nach England, um der BBC ein Interview zu geben. In London angekommen, checkte er in einem Hotel ein, brach auf dem Boden zusammen und starb.

Der riesige Betonzylinder sah bedrohlich aus, irgendwie außerirdisch. Zwar hatte ich Speers Tagebuch in der Tasche, zog es aber nicht heraus, damit niemand auf die Idee kommen konnte, ich sei einer jener Eiferer, deren Interesse an Nazi-Architektur über normales historisches Interesse hinausgeht. Die Führerin, eine Frau mittleren Alters in grünem Steppwintermantel, wiederholte für unsere Gruppe ausländischer Touristen mit ihrem kantigen deutschen Akzent mehrmals den Namen des Bauwerks: „Schwerbelastungskörper." Ich versuchte, den Klotz zu fotografieren, doch er ließ sich einfach nicht zur Gänze auf ein Bild bannen.

„Weil Berlin auf sumpfigem Boden erbaut wurde, war es wichtig, die Tragfähigkeit des Untergrunds zu berechnen", fuhr die Führerin fort. „Hitlers und Albert Speers Pläne für die neue Welthauptstadt Germania sahen jede Menge schwere Baumaterialien vor. Also entwarf Speer 1941 diesen Zylinder, um damit das Setzungsverhalten des Bodens zu simulieren. Er reicht etwa 18 Meter tief in den Boden, 14 Meter in die Höhe, wiegt 12.650 Tonnen und kann aufgrund seiner kompakten Bauweise nicht gesprengt werden." Der letzte Satz regte einige Zerstörungsfanatiker zu kreativen Lösungsvorschlägen an.

So scheußlich der Schwerbelastungskörper auch ist, er dürfte also bleiben – vielleicht als unzerstörbare letzte Ruine einer posthumanen Stadt. Mir fiel Nabokov ein: „Das Zukünftige ist nur die Umkehrung des Veralteten." Ich stellte mir die Verwirrung der Archäologen in einer fernen Zukunft vor, die in ihren weißen Overalls mit ihren winzigen Pinselchen die Ablagerungen von seiner Oberfläche bürsten und endlos über seine Funktion grübeln wie wir über die von Stonehenge. Sie würden nichts finden außer Spuren bunter Sprühfarbe, Reste jener unverständlichen Hieroglyphen aus der Epoche des frühen 21. Jahrhunderts. Ungeachtet dieser Zukunft war der Schwerbelastungskörper inzwischen sowohl eingetragenes Denkmal als auch inoffizielles Mahnmal geworden, das an die gescheiterten Pläne für die Welthauptstadt Germania erinnerte: eine unzerstörbare Narbe auf der Oberfläche einer Stadt, die unter dem Gewicht ihrer Geschichte ächzte.

Der düstere Spätherbsthimmel über Berlin war eine solide graue Wolkenmasse, und der riesige Betonklotz wirkte, als sei er daraus gefertigt. Nachdem ich ihn noch ein paarmal fotografiert hatte, zog ich weiter in Richtung Westen, nach Wilmersdorf.

Ich nahm den Zettel heraus, auf dem ich die letzte Berliner Adresse von Walter Benjamin notiert hatte. Der Einfluss von Benjamins Arbeiten auf die zeitgenössische Kultur und Gesellschaft lässt sich kaum überschätzen. Ob er über Konsum oder französische Literatur, Haschischrauchen oder Marxismus, Fotografie oder Pariser Ladenpassagen, Geschichte oder seine Berliner Kindheitserinnerungen schrieb – mit seinen brillanten Gedanken und Beobachtungen erhellte er noch den letzten Winkel des modernen Lebens.

Walter Benjamin wurde 1892 als ältestes von drei Kindern geboren und wuchs in einem wohlhabenden jüdischen Haushalt in Berlin-Charlottenburg auf; sein Vater war Antiquitäten- und Kunsthändler. Ab 1902 besuchte er die dortige Kaiser-Friedrich-Schule. Da er jedoch ein kränkliches Kind war, schickte man ihn 1905 für zwei Jahre in ein Internat nach Thüringen. Dieser Aufenthalt markiert den Beginn seiner lebenslangen Rastlosigkeit. Bis zu seinem Tod im Jahr 1940 hatte er nicht weniger als 28 verschiedene Adressen in verschiedenen Ländern Europas.

Ich ging die leere Ebersstraße entlang, überquerte die stark befahrene Dominicusstraße, ging sie weiter bis zur Fritz-Elsas-Straße und diese dann bis zum Rudolph-Wilde-Park. Das letzte Mal war ich in einem heißen Berliner Sommer hier gewesen, jetzt aber war alles winterkahl, eine Szenerie trostlosen Vermoderns in verschiedensten Schattierungen von Braun und Grau. An einem Ende des Parks steht auf einer hohen Zementsäule inmitten eines im Winter trockenen Brunnens ein goldener Hirsch, dessen triumphierende Haltung und prächtiges Leuchten dem organischen Verfall der herbstlichen Umgebung Hohn sprach. In Pelzmänteln eingemummelt, pustete eine Gruppe alter Frauen mit kläffenden Hunden im Schlepp weiße Atemwölkchen in die kalte Luft. Ich durchquerte den Park, ging dann die Waghäuseler Straße ein Stück nach Westen, bis ich links in die Prinzregentenstraße einbog und vor dem Haus Nummer 66 stand.

„Man muss dem Autor in den ‚Alten Westen' folgen, um ihn von dieser Seite kennen zu lernen", schrieb Benjamin in seiner Rezension des 1929 erschienenen Buchs von Franz Hessel *Spazieren in Berlin,* „... wie er die letzten Denkmale einer alten Wohnkultur feiert." Einst war dieses Viertel Heimat einiger der bekanntesten jüdischen Familien Berlins. Hier lebte Walter Benjamin bis 1933, als Hitler deutscher Reichskanzler und das Leben für die Juden in Deutschland immer unerträglicher wurde, in einer Wohnung im vierten Stock, mit lichtdurchflutetem Arbeitszimmer und großzügigem Ausblick, wo es genügend Platz für seine bescheidene Bibliothek von etwa 2.000 Büchern gab. Auf der gleichen Etage wohnte auch sein Cousin Egon Wissing mit seiner Frau Gert. Sie verbrachten viel Zeit miteinander, etwa beim gemeinsamen Haschischrauchen. Als Benjamin dann nicht mehr vom Schreiben leben konnte, auch nicht unter Pseudonym (u.a. Detlef Holz und K. A. Stempflinger), entschloss er sich, nach Spanien zu gehen, und vermietete seine Wohnung – ohne zu ahnen, dass er Berlin nicht wiedersehen würde.

Ich stieg über einen niedrigen Metallzaun und ging zu der Seite des schmucklosen, kränklich gelben Wohnblocks, wo eine „Berliner Gedenktafel" angebracht war . „In dem früher hier stehenden Haus lebte von 1930 bis zu seiner Emigration 1933 WALTER BENJAMIN, 15.7.1892–27.9.1940, Literaturkritiker, Essayist und Philosoph, schrieb hier Teile der *»Berliner Kindheit um 1900«*. Freitod an der französisch-spanischen Grenze wegen drohender Auslieferung an die Gestapo."

Mich enttäuschte maßlos, dass es sich nicht um das Originalgebäude handelte. Eigentlich hätte das nicht so wichtig sein sollen, aber das war es. Mir reichte es nicht, dass dies hier seine Adresse gewesen war. Ich wollte dasselbe Mauerwerk, dieselbe Eingangstür, dieselben Fenster und Treppen sehen wie er. Widerwillig machte ich von der unbelebten Straße aus ein paar Fotos von dem Gebäude, in dem Benjamin einst eben nicht wohnte. Aus einem Fenster im dritten Stock blickte ein blasses, faltiges

Gesicht zwischen geblümten Vorhängen herunter. Es war ein eingefallenes Gesicht, das man nicht so schnell vergaß, mit dunklen, tiefliegenden Augen. Diese Augen, dachte ich bei mir, hatten schon einiges gesehen. Zweifellos verärgert wegen der vielen Benjamin-Jünger, die kamen und gingen und dabei nichts zur lokalen Wirtschaft beitrugen, war der Blick gleichzeitig fassungslos, misstrauisch und leicht belustigt. Hatte ich die verkrüppelten Pilger in Lourdes nicht selbst mit einem solchen Blick bedacht? Der eindeutig besagte: „Sie wissen schon, dass das nur gewöhnliches Wasser ist, oder?" Dennoch existiert unbestreitbar ein uraltes menschliches Verlangen, Orte mit religiöser, spiritueller oder anderweitig imaginierter Bedeutung aufzusuchen, um von *der* Quelle zu trinken, *diese* Wand zu küssen, *jenen* Boden zu berühren. Und eine Gedenktafel zu lesen, ein Foto zu machen.

Ich fand eine U-Bahn-Station, joggte die Treppe in einen schwach beleuchteten Tunnel hinunter und sprang in einen Waggon, gerade als die Türen sich schlossen. Auf dem Sitz neben mir lag eine Zeitung, mit einer Luftaufnahme von einem blauen Meer auf der Titelseite. Ich schaute genauer hin und sah, dass Körper im Wasser schwammen, in fluoreszierenden Schwimmwesten, um ein gekentertes Boot herum.

An der Wilmersdorfer Straße stieg ich aus und ging ein paar Minuten zu einem großen, rechteckigen Platz, dessen Längsseiten zwei identische dunkelgraue Neubauten mit Betonkolonnaden säumten. Am anderen Ende des grau gepflasterten Platzes sprühte eisiges Wasser aus Bodenlöchern in den trüben Nachmittag. Abgesehen von ein paar vereinzelten eiligen Geschäftsleuten war der Platz wie ausgestorben. Ich ging ihn ein paarmal auf und ab, doch es ließ sich nicht leugnen: Der Walter-Benjamin-Platz ist unglaublich trostlos. Zwar hatten ihn seine Architekten makellos symmetrisch angelegt, doch die Wirkung war nicht etwa ausbalancierte Raffinesse, stattdessen wurde hier der eigene Körper zu einem Störfaktor der absoluten Ordnung und empfindlichen Frequenz des Raumes. Nichts an dem Walter-Benjamin-Platz wies irgendeine Verwandtschaft mit seinem Namensgeber auf. Ich dachte über die Willkürlichkeit von Ortsnamen nach und wie eine Beziehung zwischen Platz und Namen oft konstruiert wird oder schlicht nicht vorhanden ist. In einem Café gleich um die Ecke setzte ich mich und bestellte in meinem besten Deutsch ein Sandwich und Kaffee.

Nur wenige Kilometer westlich von hier wurde 1933 – in dem Jahr, in dem Benjamin Berlin verließ – der Reichkanzler-Platz in Adolf-Hitler-Platz umbenannt. Später wurde aus der ulica Świętojańska im polnischen Gdynia die Adolf-Hitler-Straße, aus der Piazzale dei Partigiani in Rom die Piazzale Adolf Hitler. Überall in Europa, von Holland bis Russland, bekamen Straßen, Parks, Brücken und Stadien den Namen des Führers und waren somit nicht länger neutrale, sondern politisch aufgeladene öffentliche Orte. Nach Kriegsende 1945 gerieten sie natürlich außer Mode. Nun erinnerten sie an Tod, Zerstörung und Schande. Die alten Namen wurden wieder ausgegraben oder neue vergeben. So verloren die Sowjets in Ostdeutschland nur wenig Zeit, bis sie sich des politisch ideologischen und pädagogischen Potenzials von Orts- und Straßennamen bedienten: Karl-Marx-Allee, Stalinallee, Leninallee, Ernst-Thälmann-Straße, Rosa-Luxemburg-Straße wurden allgegenwärtig. Zwar wollen wir uns mittels Orts- und Straßennamen in der Welt zurechtfinden und Orte markieren, um auf sie zu verweisen und sie voneinander zu unterscheiden, doch sie haben auch eine unterschwellige Wirkung: Sie kaschieren und verstärken zugleich die Erfahrung des definierten Raums.

Der Prozess der Namensgebung und des Umbenennens zeigt, dass Geschichte nichts Statisches oder in Stein Gemeißeltes ist, sondern beständig im Fluss und aus den wechselnden Perspektiven der Gegenwart und Zukunft beschrieben, gelöscht und danach neu beschrieben wird wie ein Palimpsest.

Viele Umbenennungen nach 1990 im wiedervereinigten Deutschland dienten keinem politischen Zweck, sondern der Erinnerung. Häufig wurden Straßen und Plätze nach jüdischen Gemeinden oder Juden benannt, die von den Nazis ermordet worden waren. Dadurch lesen sich heute etliche Berliner Straßennamen wie Geistergeschichten: Sie erinnern an die Namenlosen, suchen die in der Gegenwart Lebenden aus der Vergangenheit heim und gemahnen damit subtil an ihr Fehlen. „Die Stadt ist durch die Straßennamen Abbild eines sprachlichen Kosmos", schrieb Walter Benjamin und legte damit nahe, dass Straßennamen Verbindungen offenlegen können, die die allgemein anerkannte Geschichte eines Ortes verwandeln und andere Städte in einer Stadt aufscheinen lassen.

Eine Straße in Memel (heute Klaipéda, Litauen) wird 1939 in Adolf Hitler Straße umbenannt. Getty Images.

Ich hatte mich für den späteren Nachmittag mit einem Freund in einer Bar in Neukölln verabredet und beschloss, zu Fuß dorthin zu gehen. Doch binnen Kurzem hatte ich mich heillos verlaufen und befand mich mitten in einem Wohngebiet in Schöneberg. Nichts definiert Berlin für mich mehr als die für eine Stadt untypische Erfahrung von Stille und Weite, wie im Wald oder auf einem Berg. Selbst am helllichten Tag kann man auf einer Berliner Straße völlig allein sein. Was wenig verwunderlich ist, denn die Stadt hat heute weniger Einwohner als 1925. Ich schlenderte durch die leeren Straßen, nahm die Stille wahr und schaute von unten die Hausmauern hinauf wie aus einer tiefen Schlucht.

„Sich in einer Stadt nicht zurechtfinden heißt nicht viel", schrieb Benjamin in *Berliner Kindheit um neunzehnhundert*. „In einer Stadt sich aber zu verirren, wie man in einem Walde sich verirrt, braucht Schulung. Da müssen Straßennamen zu dem Irrenden so sprechen wie das Knacken trockner Reiser und kleine Straßen im Stadtinnern ihm die Tageszeiten so deutlich wie eine Bergmulde widerspiegeln."

Es begann zu regnen, schwere harte Tropfen, teils schon eisiger Graupel. Auf der Suche nach Schutz erspähte ich die Neonbeleuchtung eines kleinen Lebensmittelladens auf der anderen Straßenseite. Ich sprintete hinüber und betrat den grell erleuchteten, fast leeren Laden. Auf ein paar Regalen war eine Auswahl von Konserven aufgereiht, die eher aussahen wie Museumsrelikte als wie noch essbare Lebensmittel. Mehrere Plastikeimer mit getrockneten Bananen und Aprikosen, ebenfalls aus einer Epoche vor Menschengedenken, standen auf dem Boden. In einer Ecke des Ladens scharte sich eine Gruppe Araber um einen kleinen, an die Wand geschraubten Plastikfernseher. Ich nahm eine warme Cola-Dose aus dem nicht funktionierenden Kühlschrank und stellte sie geräuschvoll auf die Glastheke. Sie sahen sich Nachrichten ohne Ton an, die Bilder zeigten ein brennendes Flüchtlingslager. Ein Strom verzagter Männer lief an der Kamera vorbei, einige zogen teuer aussehende schwarze Koffer hinter sich her, als seien sie nur unterwegs zum Abfluggate eines Flughafens. Im Hintergrund brannten lichterloh behelfsmäßige Zelte. Kurz verschwamm alles auf dem Bildschirm, woraufhin einer aus der Gruppe mehrmals mit der Handfläche gegen den Fernseher schlug, bis das Bild wieder scharf wurde. Die Kamera zoomte gerade auf eine einzelne Rauchsäule, die in den Himmel stieg. Unten noch ebenholzschwarz, dann grau schlängelte sie sich hinauf in die glasblaue Stratosphäre, bis sie sich schließlich verflüchtigte. Ich legte den passenden Betrag auf den Tresen und ging hinaus. Inzwischen hatte der Regen aufgehört, und die Straßen glitzerten wie frisch glasiert.

Da Benjamin nicht nach Berlin zurückkehren konnte, zog er erneut nach Paris und mietete sich eine kleine Wohnung in der rue Dombasle Nr. 10. Durch Zuwendungen und ein kleines Honorar des Instituts für Sozialforschung unterstützt, nahm er seine kritischen Studien zu Baudelaire wieder auf und begann *Das Passagen-Werk,* von dem er hoffte, dass es sein Opus magnum werden würde. Wie der Name verrät, lag sein Fokus auf den glasüberdachten Pariser Einkaufspassagen des 19. Jahrhunderts. In Form einer Montage liegen Textfragmente und Zitate vor, arrangiert in 36 Kategorien mit Titeln wie „Müßiggang", „Spiegel", „Zukunftsträume", „die Photographie" „der Sammler", „Reklame" und „Prostitution".

Es war jetzt 1940. Die deutsche Invasion im Osten warf einen bedrohlichen Schatten auf den Rest Europas. Obwohl sich Benjamin in seiner Pariser Wohnung einigermaßen sicher fühlte, forderten die Strapazen und Entbehrungen seiner sieben Jahre im Exil ihren Tribut. Er verfiel in eine Depression, mied selbst engste Freunde und verließ kaum noch die Wohnung. Dort kämpfte er mit seinen Studien zu Baudelaire und dem *Passagen-Werk.* Mit nur wenig Hoffnung bemühte er sich umsichtig, „aber ohne mir Illusionen zu machen", um die französische Staatsbürgerschaft. Ihn bedrückte die Situation der Juden in Deutschland, seine Unfähigkeit, Arbeit zu finden, die Krankheit seiner Schwester, der Verlust seiner Arbeiten und Habseligkeiten, die er in der Berliner Wohnung zurückgelassen hatte und die nun, wie er vermutete, in den Händen der Gestapo waren. „Man gibt sich

Rechenschaft, dass die Luft kaum mehr zu atmen ist", schrieb er, „ein Umstand, der freilich dadurch an Tragweite verliert, dass einem die Kehle zugeschnürt wird." Immer verzweifelter schrieb er an Freunde und bat sie, ihm Geld und Tabak zu schicken. Und er bemühte sich mehr denn je um eine Möglichkeit, irgendwie nach Amerika zu kommen. Um sich die Überfahrt leisten zu können, versuchte er sogar, seinen liebsten Besitz, Paul Klees *Angelus Novus,* zu veräußern, doch er fand keinen Käufer.

Anfang Mai 1940 überfiel die Wehrmacht Belgien, die Niederlande und Luxemburg, durchbrach zu Benjamins Entsetzen die französischen Verteidigungslinien und rückte vor in Richtung Paris. Inzwischen befanden sich bereits mehr als zwei Millionen Menschen vor den Nazi-Truppen auf der Flucht. In Panik packte Benjamin seine wertvollsten Arbeiten, zusammen mit einigen Kleidungsstücken, ein paar Toilettenartikeln, einer Gasmaske und einem einzigen Buch in einen Koffer. Mit seiner Schwester Dora erwischte er einen der letzten Züge, die Paris in Richtung Lourdes, dem kleinen Pyrenäenstädtchen an der spanischen Grenze, verließen. Bereits am nächsten Tag marschierten die Deutschen in Paris ein. Eine Gruppe Soldaten brach die Tür von Benjamins Wohnung auf, fand sie jedoch verlassen vor.

Schließlich stand ich unvermittelt vor einer U-Bahn-Station, wie sie in Berlin ja überall nicht weit sind, und fuhr zum U-Bahnhof Rathaus Neukölln, wo ich die Treppe hoch zur Karl-Marx-Straße nahm. Ich wurde von lärmender Aktivität in einer Intensität empfangen, die meine Sinne belebte. Der Wegbeschreibung folgend, die mir mein Freund per SMS geschickt hatte, betrat ich ein Einkaufszentrum und fuhr aufs Dach zu einer Bar hinauf, von der aus man einen spektakulären Blick auf die Stadt hat. Mit meinem Bier trat ich in die kühle Nachmittagsluft hinaus, wo die inzwischen am Horizont stehende Sonne Teile der Stadt als goldene Lichtsäulen erstrahlen ließ.

Kurz nach Benjamins und Doras Ankunft in Lourdes schlossen die französischen Behörden die Grenze nach Spanien. Allen Ausländern wurde verboten, ohne Genehmigung zu reisen.

Benjamin wusste, in welcher Gefahr er und die anderen Flüchtlinge schwebten. Doch nach über zwei quälenden Monaten des Wartens in Lourdes erfuhr er, dass er ein Visum für Amerika erhalten hatte und es im Konsulat in Marseille abholen könne. Anfang August trafen Benjamin und Dora in der Stadt ein, in der es vor Menschen wimmelte, die vor dem Krieg auf der Flucht waren. Dora fand Unterschlupf auf einem Bauernhof und nahm unter Tränen Abschied von ihrem Bruder – sie sollten sich nie wiedersehen.

Passfoto von Walter Benjamin, 1928.
Bild mit freundlicher Genehmigung des Walter Benjamin Archivs, Berlin.

Außer seinem Visum für Amerika erhielt Benjamin auch Transitvisa für Spanien und Portugal, doch frustrierenderweise gelang es ihm partout nicht, ein Ausreisevisum aus Frankreich zu bekommen. Ende September fuhr er mit zwei Freunden mit dem Zug von Marseille nach Port-Vendres, einem Ort nahe der spanischen Grenze. Da eine unkomplizierte, legale Ausreise aus Frankreich unmöglich geworden war, beschlossen die drei, den heimlichen Grenzübertritt nach Spanien zu wagen. Von dort wollte Benjamin weiter nach Portugal, wo er einen Dampfer nach Amerika besteigen konnte. Sie trafen sich in Port-Vendres mit Lisa Fittko, deren Mann Benjamin während seiner dreimonatigen Internierung 1939 kennengelernt hatte. Sie war mit der Gegend vertraut und wollte die Gruppe auf einem wenig begangenen Pfad über die Pyrenäen ins spanische Portbou jenseits der Grenze führen.

Am 25. September brachen sie auf, ständig voller Angst, von der französischen Polizei oder Grenzposten gefangen genommen zu werden. Sein schlechter Gesundheitszustand machte Benjamin zu schaffen. Für Ende September war es sehr heiß, und der Weg war steil. Er hatte Mühe mitzukommen. Schon seit er Paris verlassen hatte, trug er ständig eine schwere schwarze Aktentasche mit sich und weigerte sich hartnäckig, sie jemand anderen tragen zu lassen. „Ich trenne mich nie von dieser Tasche. Die hat das Manuskript, das wichtiger ist als ich selber. Das ist mein Nachlass, und ich werd's nie aus der Hand geben. Und worauf es mir ankommt ist, nicht in die Hände der Gestapo zu fallen – ich als Person und das Manuskript."

Am 26. September überquerte die Gruppe die Grenze nach Spanien und traf nachmittags in Portbou ein. Glücklich, aus Frankreich entkommen zu sein, gingen sie zum Zollamt, um sich ihre Transitvisa durch Spanien abstempeln zu lassen. Dort wurden sie jedoch informiert, dass die Grenze geschlossen sei und sie am nächsten Tag nach Frankreich ausgeliefert würden. Man kann sich das Ausmaß ihrer Verzweiflung kaum ausmalen, als sie in das kleine Hotel Fonda de Francia eskortiert wurden, wo sie die Nacht unter Bewachung verbringen sollten. Erschöpft und zutiefst niedergeschlagen konnte Benjamin den Gedanken nicht ertragen, höchstwahrscheinlich in ein Konzentrationslager zu kommen und – vielleicht am schlimmsten – sein Manuskript der Gestapo übergeben zu müssen. Am nächsten Morgen fanden ihn die anderen tot in seinem Bett, die goldene Armbanduhr auf dem Nachttisch, der Aktenkoffer neben ihm. Er hatte eine große Menge Morphiumtabletten geschluckt. Tags drauf war die

Grenze wieder offen. Die anderen ließen Benjamins Leichnam zurück und reisten weiter nach Lissabon und Amerika.

Einige Monate später kam Hannah Arendt nach Portbou, doch sie konnte Benjamins Grab nicht finden. Allerdings entdeckte sie ein an seinem Todestag erstelltes Verzeichnis seiner persönlichen Gegenstände: eine Taschenuhr mit Kette, ein 500-Franc-Schein, ein 50-Dollar-Schein, ein 20-Dollar-Schein, ein Reisepass mit spanischem und amerikanischem Visum, sechs Fotos, ein Personalausweis, ein Röntgenbild, eine hölzerne Pfeife, eine Brille und mehrere Briefe und Zeitungen. Doch keine Spur von seiner Leiche oder seinem Manuskript. Was Benjamin wichtiger als sein Leben gewesen war, ist bis zum heutigen Tag verschwunden. Manche vermuten, es habe sich um das vollendete *Passagen-Werk* gehandelt, andere glauben, es sei etwas völlig anderes gewesen.

Während ich darauf wartete, dass mein Freund in die Bar kam, fragte ich mich, was Benjamin wohl durch den Kopf gegangen war, als er in jener Septembernacht auf dem Hotelbett lag und das Morphium allmählich seine Sinne betäubte. Vielleicht hat er sich an Berlin erinnert, an die gepflasterten Straßen von Charlottenburg, die düsteren, muffigen Zimmer der elterlichen Wohnung. Nicht das Leben, sondern der Tod war für ihn „die Quelle, aus der alle Erzähler geschöpft haben … Der Tod ist die Sanktion von allem, was der Erzähler berichten kann. Vom Tode hat er seine Autorität geliehen. Mit andern Worten: es ist die Naturgeschichte, auf welche seine Geschichten zurückverweisen."

Die Doppelbedeutung des Wortes *Geschichte* im Deutschen legt nahe, dass sich Geschichte aus Geschichten zusammensetzt. Während landläufig Geschichten mit Erfundenem und Geschichte mit Fakten assoziiert werden, sind sie vielleicht ein und dasselbe und gehen ineinander über, so wie das Süßwasser eines Flusses ins salzige Meer strömt. Denmach ist die

Geschichte des Ortes auch eine der Geschichten des Ortes – in Benjamins Worten „eine vollkommene Erzählung“, die „aus der Schichtung vielfacher Nacherzählungen an den Tag tritt.“

Ich lehnte mich an die Brüstung und blickte über die Stadt. Der Himmel hatte seine graue Decke abgestreift, ein paar Sterne – oder auch nur der geisterhafte Glanz längst verglühter Sterne – schimmerten durch den Dunst. Die ersten Straßenlaternen gingen an.

Benjamin war fasziniert von einer Idee der französischen Revolution, nämlich „... Paris in eine Mappe Monde zu verwandeln, die Nahmen aller Straßen und Plätze umzuändern, und ihnen neue Benennungen, von merkwürdigen Orten und Gegenständen in der Welt hergenommen, beyzulegen.“ Er zitiert auch Pujoulx, der vorschlug, „... die pariser Straßen nach den Städten, Orten etc von Frankreich zu nennen, unter Berücksichtigung der geographischen Lage zu einander, der Einwohnerzahl und mit Rücksicht auf die Flüsse und Gebirge, deren Namen zumal den langen Straßen, die mehrere Quartiere durchziehen, beizulegen wären“, sodass ein Reisender in Paris geografische Kenntnis von Frankreich erwerben könne und umgekehrt, und sich ein Einwohner, der aus dem Süden Frankreichs stammte, daran erfreuen könnte, in diesen Namen seinen Geburtsort, den seiner Frau und des Dorfes, in dem er aufgewachsen war, wiederzuentdecken.

Diese Vorstellung der Überlappung und Verflechtung von geografischen Räumen lenkte meine Gedanken erneut zu Speers imaginären Wanderungen. Vielleicht ist die Welt gleichzeitig ein Innen und Außen, ein ganzer Kosmos innerhalb einer Stadt, die Welt in einem Garten, die Geschichte eines Ortes in einem Namen. Und vielleicht müssen wir nicht weiter gehen als bis zu den Grenzen unseres Intellekts, um sie zu erfahren. Beim Blick über die Stadt war ich mir wieder einmal sicher, dass diese historische Konstruktion, dieses Arrangement von zeitlicher und räumlicher Realität um mich herum nur das willkürliche Ergebnis einer unbegrenzten Menge von möglichen Zukunftsentwürfen in einem Buch ohne Anfang und Ende war. Es fühlte sich an, als ob ich die Erinnerung an eine namenlose Zukunft lebte.

In Portbou gibt es die *Passagen,* einen Gedenkort an Walter Benjamin, den der israelische Künstler Dani Karavan entworfen hat. In einem Korridor aus rostigen Metallelementen führen halb verwitterte Stufen hinunter zum glitzernden Meer. Doch an seinem Ende verhindert eine Glasscheibe, dass man ins Wasser eintauchen kann.

Sechs Jahre nach Albert Speers Tod in einem Londoner Hotel wurde die Haftanstalt in Spandau abgerissen. Rasch baute man ein Einkaufszentrum dorthin, und Speers Garten wurde eingeebnet, asphaltiert und zu einem Parkplatz umgewidmet. Um sicherzugehen, dass nichts von dem Gebäude übrig blieb, was zu einer Erinnerungsstätte hätte werden können, pulverisierte man den gesamten Bauschutt und kippte ihn ins Meer.

Dani Karavans Gedenkort *Passagen* für Walter Benjamin in Portbou, Spanien.
Bild mit freundlicher Genehmigung von Nicolas Veyssiere.

• 54° 52' 8.21" N
• 1° 41' 55.83" W

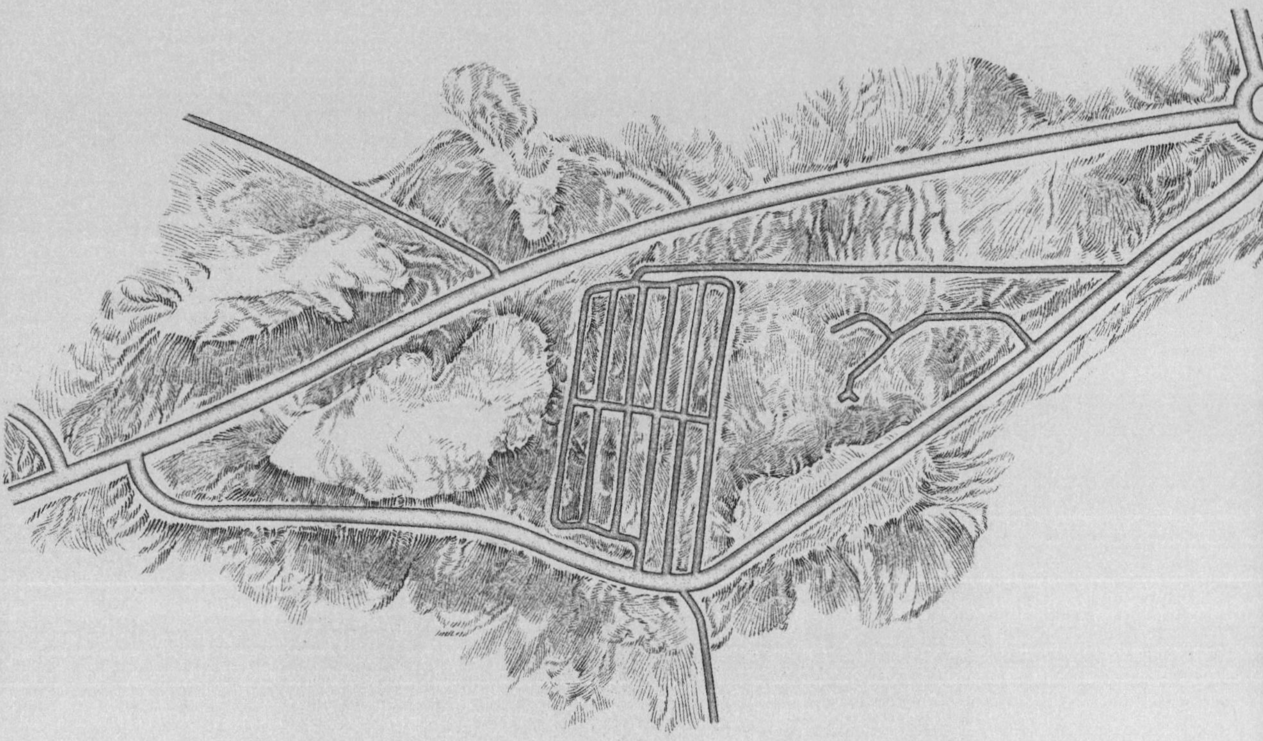

No Place

No Place (Kein-Ort), Durham, England

SOLLTEN **SIE SICH** zufällig nach No Place verirren, werden Sie wahrscheinlich enttäuscht sein: kein Kino, kein Supermarkt, keine Tankstelle, kein Bahnhof, nicht einmal ein Ortsschild. Vielleicht ist Letzteres am bedauerlichsten, denn man hätte so hübsche Wortspiele daraus machen können wie: „Kein Ort ist wie Kein-Ort."

Und doch ist No Place nicht das negative Raumgefüge, das sein Name vermuten lässt. Es liegt im Nordosten Englands, in einer dünn besiedelten, von Schnellstraßen durchzogenen Hügellandschaft mit rußfarbenen Wolken und riesigen Möbelmärkten. Wobei man No Place leicht verpassen kann, denn es besteht aus lediglich sechs gitterförmig angelegten Straßen mit zwölf Reihen zweigeschossiger Reihenhäuschen aus Backstein, in denen die etwa dreihundert Einwohner in der Tristesse einer fehlenden Ortschaft leben.

No Place hat seinen Ursprung in einer Gruppe von vier Reihenhäusern, die – zwischen zwei größeren Wohnsiedlungen eingezwängt – gegen Ende des 19. Jahrhunderts gebaut wurden. Wie die Einheimischen erzählen, erfüllten die Häuser damals nicht die formalen Kriterien, um eine eigenständige Ortschaft zu bilden, waren also „kein Ort".

Das hinderte Kein-Ort jedoch nicht daran, im Lauf der Jahrzehnte zu wachsen. In einer kurzen Blütezeit in den 1950er-Jahren gab es in dem Weiler einen Konsumladen, eine Fish-and-Chips-Bude, eine Bäckerei, einen Tante-Emma-Laden und sogar ein engagiert geführtes Süßwarengeschäft. Die meisten Einwohner arbeiteten in der benachbarten Kohlengrube. Eine Hälfte ihres Lebens verbrachten sie in No Place, die andere unter Tage, und da der Bergbau Raum entfernt, bewegten sie sich ständig zwischen Raum- und Ortlosigkeit hin und her.

Das Leben verlief im üblichen langweiligen Trott eines englischen Dorfes, bis das County Durham in den späten 1950er-Jahren stillschweigend beschloss, No Place langsam sterben zu lassen. Da die Einwohnerzahl im Lauf der Jahre stetig geschrumpft war und der Unterhalt der Siedlung eine beträchtliche finanzielle Belastung für die Grafschaft darstellte, wurden die Häuser nicht mehr instand gesetzt. Auch in neue Häuser oder Infrastruktur wurde nicht mehr investiert. Irgendwann, so nahm man an, würde No Place seinem Namen gerecht werden.

In gewissem Sinne, wenn auch weniger dramatisch, wollte man die Siedlung zu einer *damnatio memoriae* verurteilen. Der lateinische Begriff bedeutet „Auslöschung des Andenkens" und war in der Antike eine Strafe des Römischen Senats für Hochverräter. Mit dem Urteil wurde man zur Unperson, der Name wurde aus den Annalen getilgt, jeder Hinweis auf die Existenz des Verurteilten vernichtet. Nach seinem Tod war es, als hätte es ihn nie gegeben. Aus der Erinnerung der Nachwelt gelöscht zu werden, wurde von vielen als die härteste Form der Bestrafung angesehen. Sowohl für Menschen als auch für Orte mag der Tod eine unvermeidliche Folge des Lebens sein, aber es liegt Trost oder gar eine erlösende Wirkung darin, in der Erinnerung weiterzuleben. In einem Interview mit dem *Time Magazine* sagte der Pfarrer des Ortes 1953: „Manche glauben, No Place sei allein schon wegen seines Namens dem Untergang geweiht. Doch für die Bewohner ist es ihr Zuhause, sie können sich kein besseres vorstellen." Der französische Anthropologe Marc Augé prägte den Begriff „Nicht-Ort", um Orte des Transits zu beschreiben – Flughäfen, Hotelzimmer, Einkaufszentren. Dies ist jedoch eine völlig subjektive Sichtweise. Eine Autobahnunterführung ist weder ein Zuhause noch eine Destination, es sei denn, man ist der Obdachlose, der dort sein Lager hat. Trotz seines Namens und allem, was ihm fehlte, hatten die Einwohner No Place zu einem „echten" Ort gemacht. Angesichts der drohenden Auslöschung leisteten sie gemeinsam Widerstand und gewannen schließlich gegen den Grafschaftsrat.

Dreißig Jahre später, 1983, versuchte die Obrigkeit, sich erneut in die Belange des Ortes einzumischen. Zweifellos mit den besten Absichten wollte man No Place einen Namen geben: „Co-operative Villas". Damit sollte der transitorische Charakter beseitigt und eine neue Identität geschaffen werden.

Der Septimius-Severus-Tondo, ein Tafelgemälde aus der Zeit um 200 n. Chr., zeigt Kaiser Septimius Severus mit seiner Frau Julia Domna und den Söhnen Geta und Caracalla. Das Gesicht von Geta wurde nach der Ermordung durch seinen Bruder aufgrund einer *damnatio memoriae* getilgt.

Nur besaß No Place bereits eine Identität, es war der Name eines Zuhauses. Eine Umbenennung hätte bedeutet, die Vergangenheit auszulöschen, für die die Menschen hart gekämpft hatten. Wieder stemmten sich die Einwohner erfolgreich gegen die Veränderung. Es kam zu einem Kompromiss, sodass heute beide Namen auf den Verkehrsschildern stehen. No Place mag ein Ort sein, der sich *ex negativo* definiert, dennoch hat er viele positive Seiten. Es gibt dort eine Kirche, einen Pub und einen Fußballplatz, und, was vielleicht am wichtigsten ist, er bietet Anlass zu einer Fülle mehr oder weniger witziger Wortspiele.

• 50° 36' 15'' S
• 165° 58' 29'' O

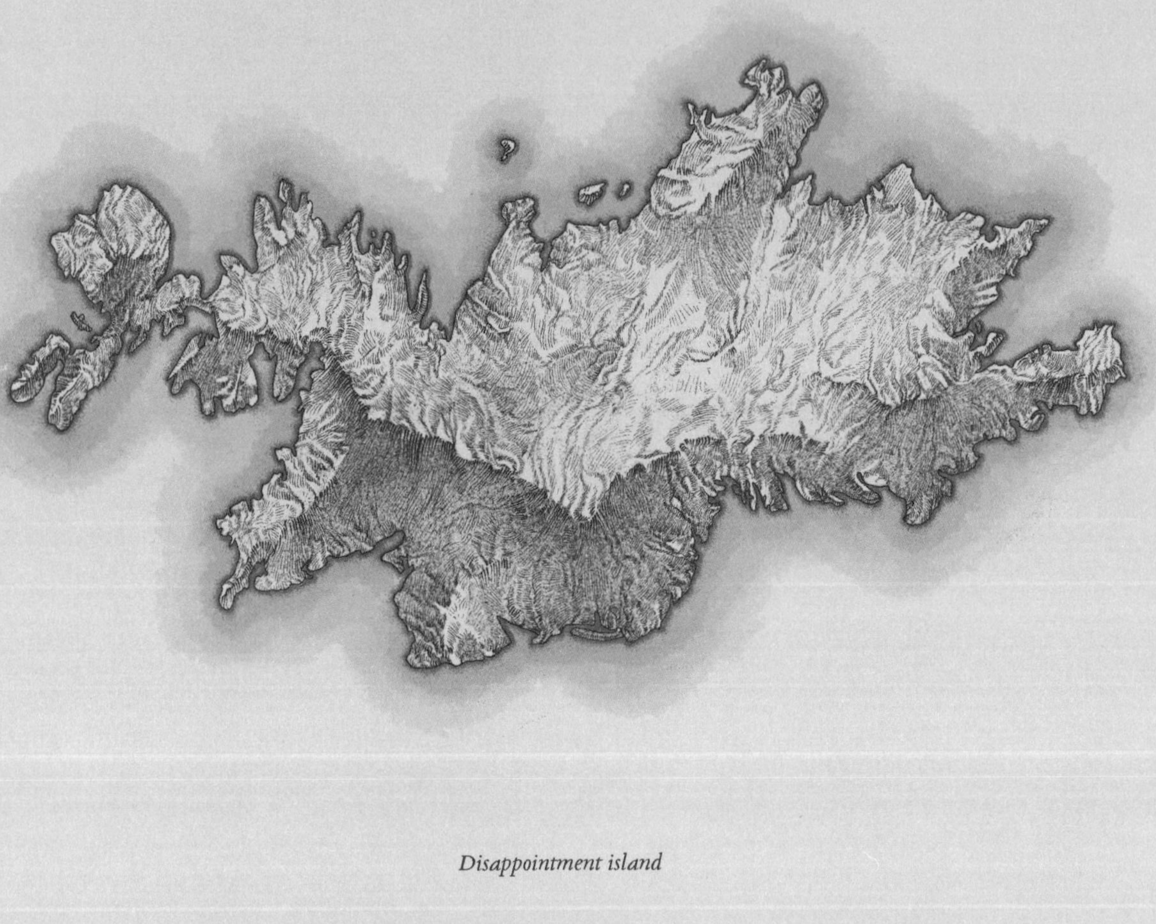

Disappointment island

Disappointment Island (Insel der Enttäuschung), Aucklandinseln, Neuseeland

6. März 1907. Umtost vom bitterkalten antarktischen Wind drängten sich 16 durchnässte, erschöpfte Männer zitternd auf einer kahlen Felsformation im Südpazifik aneinander. In der pechschwarzen Finsternis hörten sie, wie der aufgewühlte Ozean ihr Schiff gegen die Steilklippen warf und Stück für Stück zertrümmerte. Dieses unverkennbare Geräusch wurde für die Schiffbrüchigen zum Sinnbild ihrer misslichen Lage: Es war der Klang der Enttäuschung.

Sie befanden sich auf Disappointment Island. Die Herkunft des Namens ist unbekannt, aber er erwies sich als überaus passend. Während das Leben normalerweise nur einige ausgewählte enttäuschende Momente bereithält – ein falsch ausgesuchtes Geburtstagsgeschenk, Hühnersalat ohne Huhn, ein verregnetes Sonntagspicknick –, war Disappointment Island eine einzige große Enttäuschung. Als wäre es nicht genug, dass sie hier mit wenig Aussicht auf Rettung festsaßen, wartete die Insel mit noch weit Deprimierenderem auf: Im Gegensatz zu anderen, glücklicheren Schiffbrüchigen, die in den Tropen in einem Paradies mit weißem Sand und Palmen strandeten, erwartete die Männer auf Disappointment Island nur eine dem eisigen Wind ausgesetzte Felsengruppe aus brüchigem Gestein. Und statt von klarem türkisfarbenem Wasser waren sie vom düsteren, sturmgepeitschten Südpazifik umgeben. Als einem der Männer „... bewusst wurde, dass er sich nicht auf der Hauptinsel Auckland Island befand“, war er so bitter enttäuscht, dass er „... am zwölften Tage nach dem Schiffbruch starb“. So war er vielleicht der einzige Mensch in der Geschichte, der an Enttäuschung gestorben ist.

17 Tage zuvor, am 7. Februar 1907, hatte das Schiff der Gestrandeten, die mit Weizen beladene *Dundonald* – eine 67 Meter lange Viermastbark mit Stahlrumpf – den Hafen von Sydney mit Kurs auf England verlassen. Die Reise gen Osten, die sie um Kap Hoorn führen sollte, war ohne Zwischenfälle verlaufen, bis sie in eine heftige Sturmfront gerieten, nichts Ungewöhnliches in der Zone zwischen dem 40. und 50. Breitengrad, den sogenannten Roaring Forties. Ihr Plan, den Sturm abzuwettern, wurde mitten in der Nacht vereitelt, als sie der Ruf „Land an Steuerbord!“ aus dem Schlaf riss. Die Böen verhinderten eine rechtzeitige Kurskorrektur des schwerfälligen Schiffes und ließen es auf den tückischen Felsen

auflaufen. Gewaltige Brecher spülten viele Männer, darunter auch den Kapitän und seinen Sohn, vom Deck ins aufgewühlte Meer. Die Glücklichen, die sich von dem sinkenden Schiff retten konnten, kletterten mit dem Mut der Verzweiflung die knapp hundert Meter hohen Steilklippen hinauf. 16 der 28 Seeleute schafften es an Land, einer wurde jedoch von einer rachsüchtigen Welle zurück ins Meer gerissen und ward nie mehr gesehen. Als endlich die Morgensonne die von den Strapazen gezeichneten, bleichen und ausgefrorenen Männer wärmte, sahen sie sich auf dem unwirtlichen Felsen um, auf dem sie gestrandet waren. Die Freude, sich gerettet zu haben, schlug rasch in Ernüchterung um – die Insel bot einen wahrhaft enttäuschenden Anblick.

In den folgenden Tagen schwammen die Männer abwechselnd hinaus zum Wrack und retteten Teile des Segels vom Mast, der gerade noch so aus dem Wasser ragte. Um ihren Hunger zu stillen, fingen sie Dominikanermöwen und aßen sie roh. Kurz vor Verlassen des Schiffes hatte einer der Männer zwar Streichhölzer eingesteckt, doch diese waren erst nach drei Tagen so weit getrocknet, dass sich ein Feuer entzünden ließ. Sorgfältig wurde es am Brennen gehalten.

Der Überlebenskampf war hart. Das provisorische Zelt aus Segeltuch erwies sich als unzureichender Schutz gegen die heftigen Stürme, und da auf der Insel kein Bauholz verfügbar war, errichteten die Männer Unterstände, indem sie mit bloßen Händen Löcher in den gefrorenen Boden gruben und diese mit Grassoden bedeckten. Sie fertigten Schuhe aus Robbenfell und schneiderten Decken und Kleidung aus dem geretteten Segeltuch, das sie mit Gräsern und Knochennadeln zusammennähten. Auch bauten sie Öfen aus Lehm und brieten darin jedes Tier, dessen sie habhaft werden konnten: Möwen, Albatrosse, Sturmtaucher, Feensturmvögel und gelegentlich einen unvorsichtigen Seelöwen. Der Gedanke, vor dem Schiffbruch auf Tausenden Tonnen goldenen Weizens gesessen zu haben, muss unerträglich gewesen sein. Die Tage schleppten sich dahin, wurden zu Wochen und Monaten. Jeden Tag starrten die Männer mutloser zum leeren, weiten Horizont. In ihrer Verzweiflung befestigten sie sogar Hilferufe an den Beinen von Albatrossen.

Nur acht Kilometer östlich von Disappointment Island liegt Auckland Island, eine zwar ebenfalls unbewohnte, aber bedeutend größere Insel, wo sich, wie die Schiffbrüchigen wussten, ein Nahrungsmitteldepot der Regierung befand. Doch wie sollten sie ohne ein seetüchtiges Gefährt dorthin gelangen? Nun, Not macht bekanntlich erfinderisch: Aus Segeltuch und den verholzten, drahtigen Stängeln der Neuseeländischen Strauchveronika bastelten die Männer ein kleines Boot, das einem riesigen schwimmenden Korb ähnelte; Stangen und Stoffstücke ergaben behelfsmäßige Ruder. Dann kletterten drei Mann in das fragile Gefährt und brachen unter Winken und Jubelrufen zur benachbarten Insel auf. Unglücklicherweise konnten sie trotz erfolgreicher Überfahrt die erhofften Vorräte nicht finden. Und als lastete ein Fluch auf ihnen, zerschellte ihr Gefährt an den Felsen, als sie mit leeren Händen nach Disappointment Island zurückkehrten.

Überlebende an Bord der *Hinemoa* mit ihrem handgefertigten Boot, das die Flucht von Disappointment Island ermöglichte.

Die Männer gaben nicht auf. Anfang Oktober hatten sie ein neues, größeres Boot gebaut; diesmal machten sich vier Seeleute auf den Weg. Sie erreichten Auckland Island, liefen aber bei der Landung auf einen Felsen auf, wobei das Boot zu Bruch ging. Vier Tage lang quälten sie sich durch Dornengestrüpp über zwanzig Kilometer auf die andere Seite der Insel und fanden nicht nur das Lebensmitteldepot, sondern zu ihrer großen Freude auch ein Ruderboot. Aus ihrer Kleidung fertigten sie Segel und fuhren dann nackt, aber triumphierend zurück nach Disappointment Island, um ihre gestrandeten Freunde hinüberzuholen auf die größere und weniger enttäuschende Insel.

Dort stellten die Schiffbrüchigen eine Flagge aus Stofffetzen auf, schrieben aber nicht „Hilfe!“ oder „SOS“ darauf, sondern: „Willkommen“. Und es schien zu funktionieren: Bereits am 16. Oktober kreuzte die *Hinemoa* in den Gewässern, ein Dampfer der neuseeländischen Regierung auf wissenschaftlicher Expeditionsfahrt zu den subantarktischen Inseln. Die Besatzung entdeckte die wehende Flagge, ging vor Anker und setzte zu den erschöpften Überlebenden über. Doch es folgte eine weitere Enttäuschung: Der Kapitän der *Hinemoa* teilte den Schiffbrüchigen mit, dass er zunächst die Expedition beenden müsse und sie deshalb erst auf der Rückfahrt mitnehmen könne. Bis dahin müssten sie auf Auckland Island ausharren. Inzwischen an Enttäuschungen gewöhnt, schickten sich die Männer wohl oder übel in ihr Los.

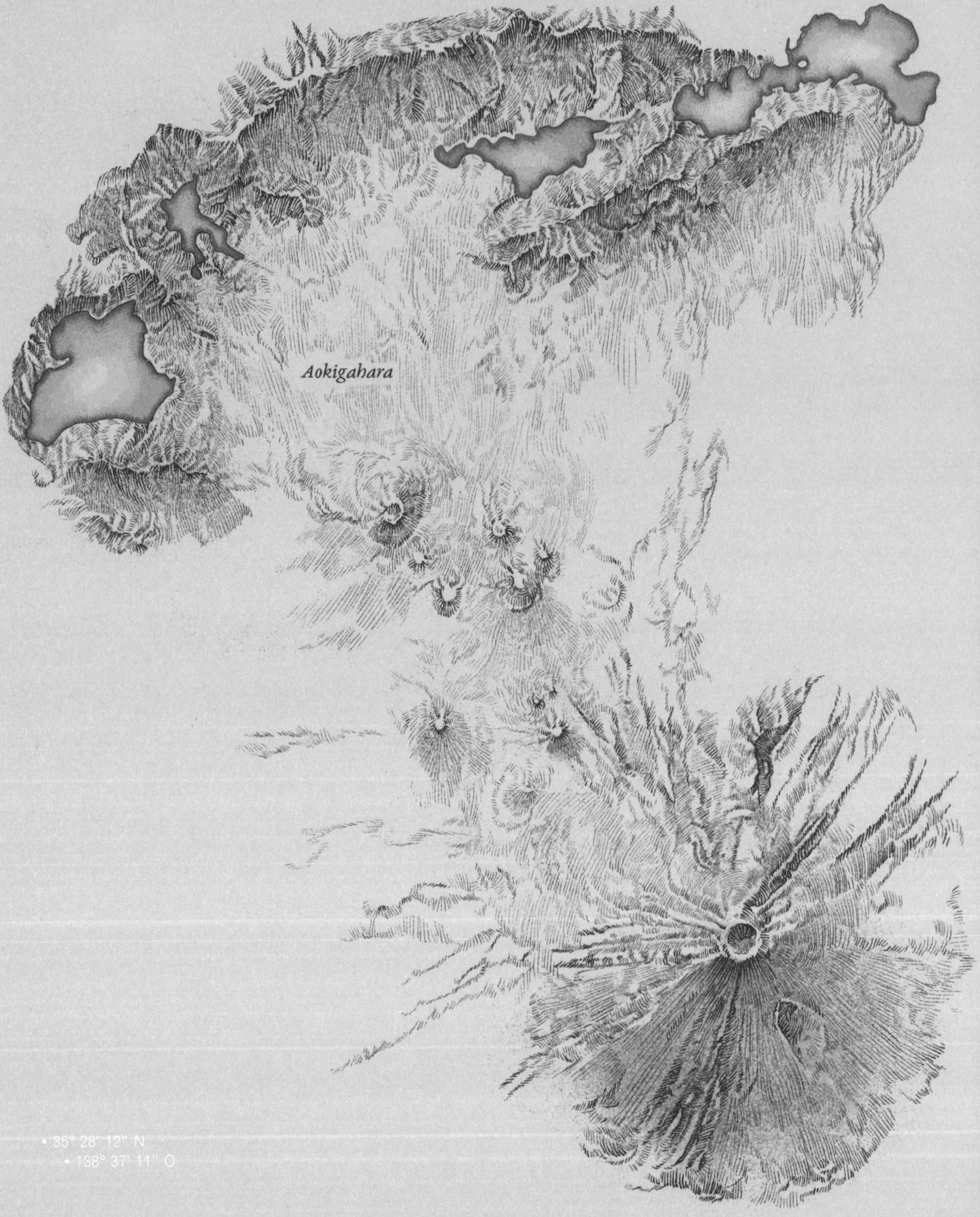

• 35° 28' 12'' N
• 138° 37' 11'' O

Aokigahara (Selbstmordwald), Japan

D EN PERFEKTEN ORT zum Sterben nannte ihn das *Handbuch zum Selbstmord.* Im sechsten Jahr der Jōgan-Ära, 864 nach gregorianischem Kalender, brach der Vulkan Fuji zehn Tage in Folge aus. Asche regnete vom Himmel, und ein gewaltiger Lavastrom legte eine glühende Decke über den Landstrich zwischen Vulkan und Meer, verschlang Wälder und ganze Dörfer. Zurück blieb ein apokalyptisches Bild der Zerstörung. Im Lauf der folgenden 1200 Jahre wuchs auf dem fruchtbaren vulkanischen Boden jedoch ein dichter Wald mit Hemlocktannen, Hinoki-Scheinzypressen, Japanischen Rotkiefern, Stechpalmen und Mongolischen Eichen, der „Aokigahara" genannt wird. In der schier undurchdringlichen grünen Wildnis bedecken Wurzeln, Flechten, Moos und Farne den Boden der leicht hügeligen, von Lavatunneln und -höhlen durchzogenen Landschaft. Vom Fuji aus blickt man hinunter auf einen Ozean aus Chlorophyll, dem Aokigahara den Namenszusatz *jukai* verdankt: Baum-Meer.

Nur wenige moderne Kulturen sind so stark von Mythen und Aberglauben geprägt wie die japanische. Mythologie und rituelle Praktiken wurden über unzählige Generationen hinweg überliefert und bilden auch heute noch die Grundlage der japanischen Gesellschaft. Der Aokigahara spannt eine Brücke über den Abgrund aus Zeit und Religion und vereint uralte Spiritualität mit der modernen Kultur Japans. Doch der Wald hat auch eine düstere Seite. Einer Überlieferung zufolge soll er der Ort für die grausame Praxis des *ubasute* (wörtlich „eine alte Frau zurücklassen") gewesen sein. Angeblich war es in Zeiten von Dürren und Hungersnöten gang und gäbe, alte und schwache Familienmitglieder im Wald auszusetzen, oft auf Befehl des Feudalherren. Das Leid der vielen Menschen, die hier zu einem einsamen Tod verdammt wurden oder aus eigenem Antrieb zum Sterben in den Wald gingen, soll die Landschaft durchdrungen haben, sodass die Grenzen der Realität durchlässig wurden und nun diejenigen, die – egal mit welcher Absicht – in den Wald hineingehen, nicht mehr herausfinden.

Berichten zufolge sind nicht nur Wanderer im Aokigahara unterwegs, sondern auch die Geister der Gepeinigten. Das japanische Wort für Geist lautet *yūrei,* und ganz wie ihr westliches Gegenstück sind sie die Seelen jener Menschen, denen der Übergang ins Jenseits noch nicht geglückt ist. Doch anders als in der westlichen Kultur gibt es in der japanischen Mythologie viele unterschiedliche Geister. Meist werden *yūrei* als Frauen mit wirrem, langem schwarzem Haar und weißem Kimono dargestellt, der traditionellen Totenkleidung. *Yūrei* sind wählerische Gespenster, ihre liebste Spukzeit liegt zwischen zwei und halb drei Uhr morgens – eine Zeit, in der die Grenze zwischen der Welt der Lebenden und der Welt der Toten am durchlässigsten ist.

Darstellung des *ubasute*: Tsukioka Yoshitoshi, *Der Mond und die ausgesetzte alte Frau*, 1867. Art Gallery of New South Wales.

Seit Jahrhunderten ist der Aokigahara ein bevorzugtes Ziel für Selbstmörder, doch nachdem 1960 der Roman *Schwarzes Meer aus Bäumen* von Matsumoto Seichō erschienen war, nahm seine Popularität stark zu. Der Bestseller erzählt die Geschichte einer Frau und ihrer zum Scheitern verurteilten Liebesaffäre mit einem jüngeren Mann. Als dieser vom Ehemann der Frau erpresst wird, fliehen die Liebenden in den Aokigahara und scheiden wie Romeo und Julia in einem Selbstmordpakt gemeinsam aus dem Leben.

Der Aokigahara steht symbolträchtig für ein weitverbreitetes kulturelles Phänomen in einem Land, das eine der höchsten Selbstmordraten unter den Industrienationen aufweist. Jeden Tag begehen in Japan um die siebzig Menschen Selbstmord, seit mindestens einem Jahrzehnt liegt die Suizidrate bei über 30.000 pro Jahr. Nach der Finanzmarktkrise 1997 stieg diese Rate sprunghaft um 35 Prozent an. In Japan ist die Mentalität der Selbstaufopferung kulturell tief verwurzelt, und anders als im christlich-jüdischen Kulturkreis haftet dem Akt, sich das Leben zu nehmen, nichts Sündhaftes an. Da die Gruppe mehr zählt als das Individuum, betrifft das Versagen einer einzelnen Person die gesamte Gemeinschaft. Scheitern wird nicht als zu überwindende Herausforderung auf dem Weg zum Erfolg angesehen, sondern als Gesichtsverlust, von dem man sich nicht mehr erholen kann. Ein Selbstmord zur Rettung der Ehre, genannt *seppuku,* ist gesellschaftlich anerkannt. Dieses Ritual – bei dem man sich mit einem Dolch oder Kurzschwert den Unterbauch aufschlitzt, was zu einem langsamen und qualvollen Tod führt – war traditionell den Samurai vorbehalten und wurde als eine selbstverständliche Reaktion auf das Scheitern angesehen, als letzter Ausweg angesichts einer Niederlage oder drohender Gefangenschaft. Selbstmord oder Selbstaufopferung zur Ehrenrettung erhielt zudem durch die Kamikaze-Piloten im Zweiten Weltkrieg, den Vorgängern der modernen Selbstmordattentäter, den Nimbus einer edlen, patriotischen Tat.

Der Wald am Fuji hat sich den traurigen Ruf erworben, weltweit der zweitbeliebteste Ort für einen Selbstmord zu sein (gleich

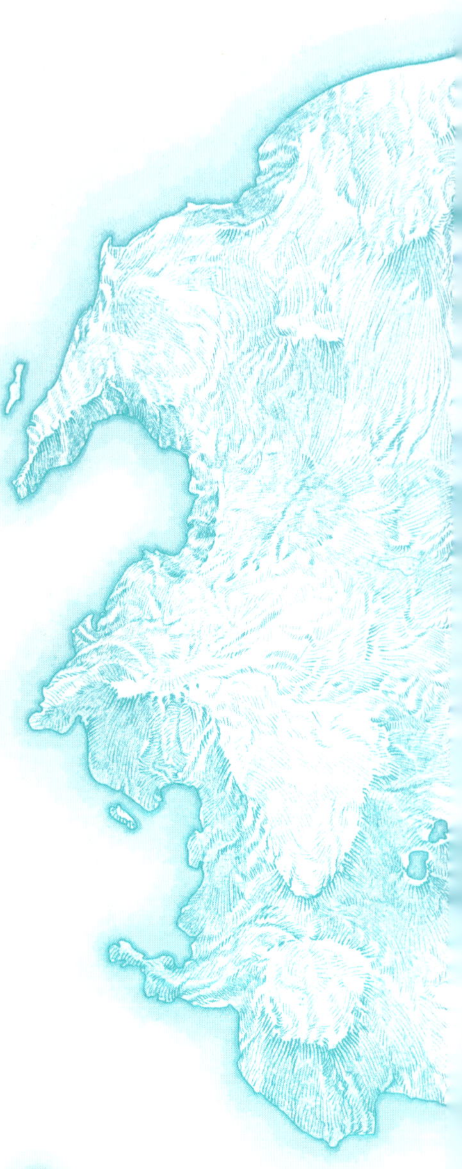

nach der Golden Gate Bridge in San Francisco), und trägt jetzt den morbiden Beinamen „Selbstmordwald“.

Verlassene Autos rosten auf dem Besucherparkplatz vor sich hin. Im Aokigahara sind zahlreiche Holzschilder an Bäume genagelt, mit Botschaften wie: „Dein Leben ist ein kostbares Geschenk deiner Eltern!“ und „Bitte wende dich an die Polizei, bevor du beschließt zu sterben!“

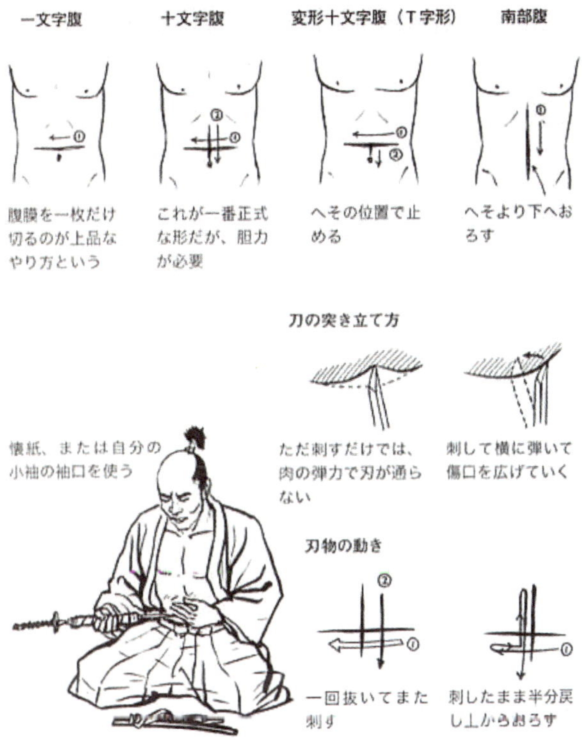

Tipps für ein erfolgreiches *seppuku*.

Man schätzt, dass im Lauf der Zeit mindestens fünfhundert Menschen von ihrer Wanderung im Wald nicht mehr zurückgekommen sind. Jedes Jahr durchkämmen Freiwillige und Parkwächter das Gelände und suchen nach menschlichen Überresten. Bei einer solchen Suche entdeckte ein Ranger ein verwittertes Skelett, das am Stamm einer riesigen Eiche lehnte. Die Knochen in der Farbe schmutzigen Schnees wirkten wie urzeitliche Fossilien. Ein ausgeblichener grauer Geschäftsanzug umschlotterte die vom Fleisch befreite Gestalt, und die schwarzen Lederschuhe, deren Spitzen gen Himmel zeigten, wirkten nun zu groß für die dünnen Knochen, die in ihnen steckten. Um das Skelett herum lagen, teilweise von einer dicken Laubschicht bedeckt, verschiedene Gegenstände: ein Handy, eine Brille mit schwarzem Gestell, eine Wasserflasche und das noch aufgeschlagene *Handbuch zum Selbstmord* von Wataru Tsurumi, die Seiten verblichen und vom Regen aufgequollen. In dieser Umgebung wirkten die Objekte wie uralte Relikte einer längst vergessenen Zivilisation. Unbeeindruckt vom stillen Grauen dieser Szene hatte die Natur begonnen, sich ihr Terrain zurückzuerobern.

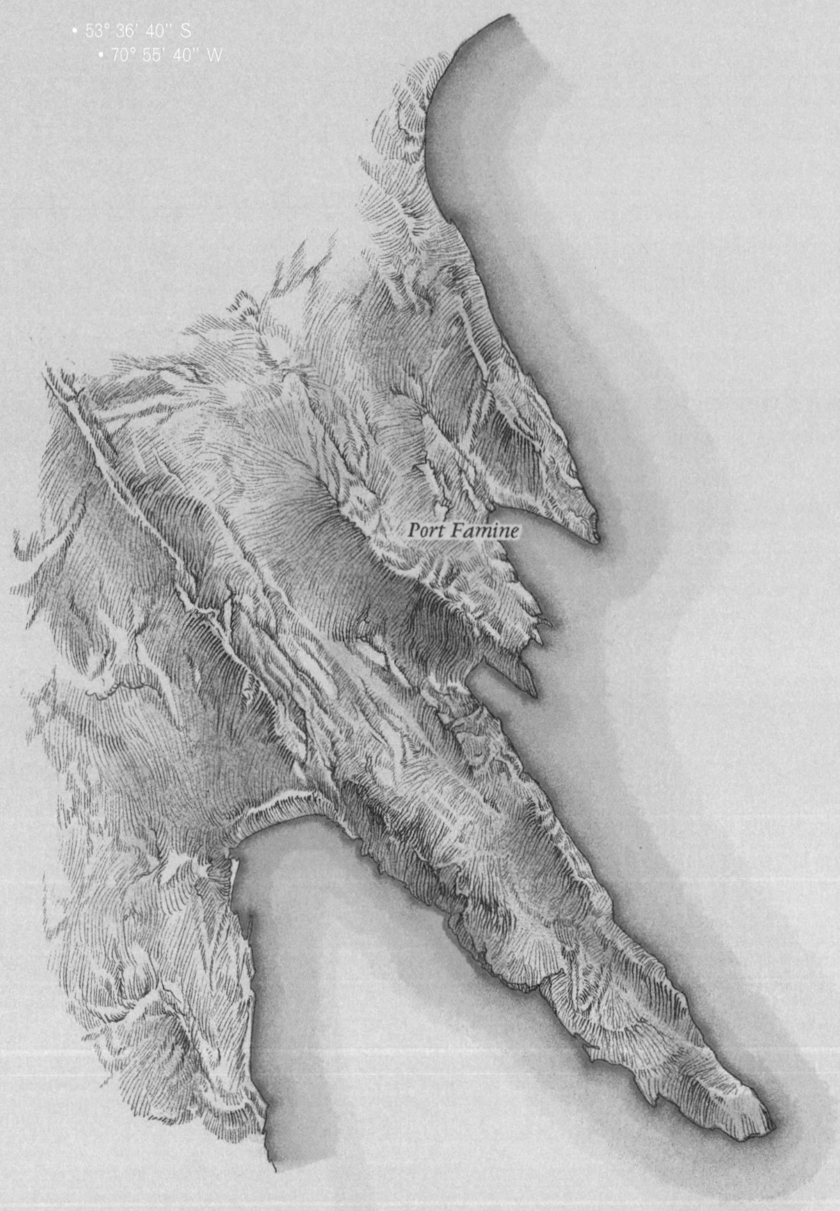
• 53° 36' 40'' S
• 70° 55' 40'' W
Port Famine

Puerto del Hambre / Port Famine (Hungerhafen), Patagonien, Chile

AM 11. FEBRUAR 1584 trafen vier Schiffe in der Magellanstraße im Süden Chiles ein. Ein schwerer Sturm vom nicht einmal 1.100 Kilometer entfernten antarktischen Eisschild her machte es den Schiffen schwer zu ankern. Schließlich gelang das Manöver, und die 337 Männer, Frauen und Kinder der Schiffsbesatzung gingen verstört von Bord. Nach monatelanger Seefahrt unter schwierigsten Umständen war ihr endgültiger Bestimmungsort noch weit trostloser und unwirtlicher, als sie es befürchtet hatten. Die bettelarmen Menschen stolperten über den windgepeitschten, vereisten Strand und schleppten dabei ein riesiges Holzkreuz hinter sich her. Dieses Land, erklärte Generalkapitän Sarmiento de Gamboa, sei nun Teil des spanischen Reichs, und es gelte, eine große Stadt zu erbauen. *Ciudad del Rey Don Felipe* solle sie heißen – „Die Stadt von König Philipp".

Zu dieser Zeit erstreckte sich das spanische Reich – berauscht von all den geplünderten Schätzen und einem überbordenden Willen zur Christianisierung – weit über die Grenzen Europas hinaus. Ungeheure Mengen Silber hatten die Expansion finanziert, errungen durch die als „Missionierung" deklarierten Eroberungszüge in Amerika und die Sklavenarbeit der Ureinwohner. Diese hatten die ersten spanischen Eroberer mit offenen Armen begrüßt, wofür sich die Spanier mit der Verbreitung der Pocken, brutalster Gewalt und Versklavung revanchiert. „Den Indianern waren ihre Gastfreundschaft und die Schwäche ihrer Waffen zum Verhängnis geworden", schrieb Alain de Botton in *Trost der Philosophie*. „Sie öffneten ihre Dörfer und Städte für die Spanier und mussten feststellen, dass ihre Gäste sich gegen sie wendeten, als sie es am wenigsten erwarteten. Ihre primitiven Waffen hielten den spanischen Kanonen und Schwertern nicht stand, und die *conquistadores* übten kein Mitleid mit ihren Opfern. Sie töteten Kinder, schlitzten schwangeren Frauen den Bauch auf, stachen Augen aus, verbrannten ganze Familien bei lebendigem Leibe und steckten nachts Dörfer in Brand."

Drei Jahre zuvor, am 27. September 1581, waren 23 Schiffe mit 2.500 Seeleuten, Soldaten, Priestern und Siedlern mit Frauen und Kindern vom spanischen Cádiz aus Richtung Südchile in See gestochen. König Philipp II. hatte den Bau einer neuen Stadt an der Magellanstraße befohlen, um sein dortiges Territorium vor rivalisierenden Kolonisatoren zu schützen. Doch schon kurz nach dem Auslaufen ereilte die Flotte die erste Katastrophe. Bei einem heftigen Atlantiksturm wurden zwei Schiffe zerstört, was die restlichen zur Rückkehr nach Spanien zwang. Nach zwei Monaten stach die Flotte erneut in See, nun jedoch mit lediglich 16 Schiffen und 2.200 Mann. Aber die Stürme ließen nicht nach, und als die Flotte den Osten der Magellanstraße erreichte, bestand sie aus nur noch vier Schiffen – alle anderen hatten aufgegeben und waren nach Spanien zurückgekehrt.

Die meisten hätten darin unheilvolle Vorzeichen für noch größeres Unglück gesehen und die Unternehmung abgebrochen, doch Generalkapitän Sarmiento ließ sich nicht beirren. Er führte den kläglichen Rest seiner Flotte mit nur noch 337 Mann in die Magellanstraße hinein. Allerdings hatte Sar-

Observatoire de Port Famine, kolorierte Lithografie aus *Voyage au Pole Sud et dans l'Océanie* von Jules Dumont d'Urville, 1848.

miento nicht vor, selbst im öden und noch unerforschten Patagonien zu bleiben. Schon nach wenigen Wochen bestieg er ein Schiff zurück nach Spanien und überließ es den überforderten Kolonisten, aus eigener Kraft König Philipps Stadt zu errichten.

Das Siedlergrüppchen bestand aus zwei Franziskanerpriestern und 22 Handwerkern, weiteren 58 Männern, 13 Frauen und zehn Kindern; die übrigen waren Soldaten und Matrosen. Leider lag *Ciudad del Rey Don Felipe* nicht im gemäßigten Klima Spaniens, umgeben von fruchtbaren Böden. Im Gegenteil: Im eisigen Patagonien konnte das Saatgut nicht keimen, Feldfrüchte gediehen nicht. Und die Siedler hatten wenig mehr mitgebracht als naive Hoffnungen, koloniale Arroganz und ein riesiges Holzkreuz, um sie vor Schaden zu bewahren.

Beinahe drei Jahre lang war aus *Ciudad del Rey Don Felipe* nur unheilvolles Schweigen zu vernehmen. Sarmiento indessen misslang die Rückkehr nach Spanien. Ein Sturm trieb sein Schiff weit auf den Atlantik hinaus, wo er und seine Crew sogar die Schiffskatzen und lederne Gurte aßen, um zu überleben. Es gelang ihnen schließlich, in Brasilien anzulanden, wo Sarmiento seine Kleidung verkaufte, um Geld für Essen zu haben. Doch sollte sich auch dieser Aufenthalt nur als kurzes Intermezzo in seinem Unglücksreigen erweisen. Als er erneut versuchte, nach Spanien zurückzusegeln, wurde er von dem britischen Kaperfahrer Walter Raleigh und dann auch noch von den Franzosen gefangen genommen, die ihn fast drei Jahre lang in der finsteren Burg von Mont-de-Marsan gefangen hielten.

Am 10. Januar 1587 legte der als „Navigator“ bekannte britische Freibeuter Thomas Cavendish bei seiner Durchfahrt durch die Magellanstraße in *Ciudad del Rey Don Felipe* an, um seine Vorräte aufzustocken. An Land bot sich ihm ein grausiges Bild. Von den 337 Kolonisten hatten nur 15 Männer und drei Frauen überlebt, die eher Skeletten als Menschen glichen und in denen kaum noch ein Fünkchen Leben glomm. Auf dem Marktplatz hing ein verwesender Körper am Galgen – ein Symbol dafür, was aus der Stadt geworden war. Zwischen den Ruinen stieß Cavendish immer wieder auf Leichen der erfrorenen und verhungerten Stadtbewohner, woraufhin er den Ort in „Port Famine“ umbenannte. Bizarrerweise lehnten die ausgemergelten Überlebenden Cavendishs Angebot, sie zu retten, ab. Bis auf einen Mann, den Seefahrer Tomé Hernández. Dieser ging dann im Hafen von Quintero,

in der Nähe Santiagos, von Bord und suchte den Gouverneur von Chile auf, um vom entsetzlichen Schicksal der *Ciudad del Rey Don Felipe* zu berichten.

In den drei Jahren des unheilvollen Schweigens kursierten in Chile zahlreiche Gerüchte, dass die Einwohner die dem Untergang geweihte *Ciudad del Rey Don Felipe* verlassen hätten und unverhofft auf die *Ciudad de los Césares,* die „Stadt der Cäsaren" gestoßen seien. Dieser mythische Ort, auch als „Wandernde Stadt" oder *Trapalanda* bekannt, versteckte sich angeblich irgendwo zwischen Chile und Argentinien in den patagonischen Anden und tauchte nur hin und wieder auf. Dann konnte man das Gold, das Silber und die Diamanten, aus denen die Stadt erbaut war, aus weiter Entfernung glitzern sehen. Dummerweise aber wurden diejenigen, die sie einmal entdeckt hatten, von Amnesie befallen, sobald sie die Stadt verließen.

Sogar noch Jahre, nachdem allgemein bekannt geworden war, welch grauenhaftes Schicksal die Einwohner von *Ciudad del Rey Don Felipe* dahingerafft hatte, verstummten diese Gerüchte nicht. Wie schreibt W. H. Auden in seinem Gedicht „Archäologie": „Wissenschaft mag ihren Sinn haben, / doch Raten / macht mehr Spaß als Wissen."

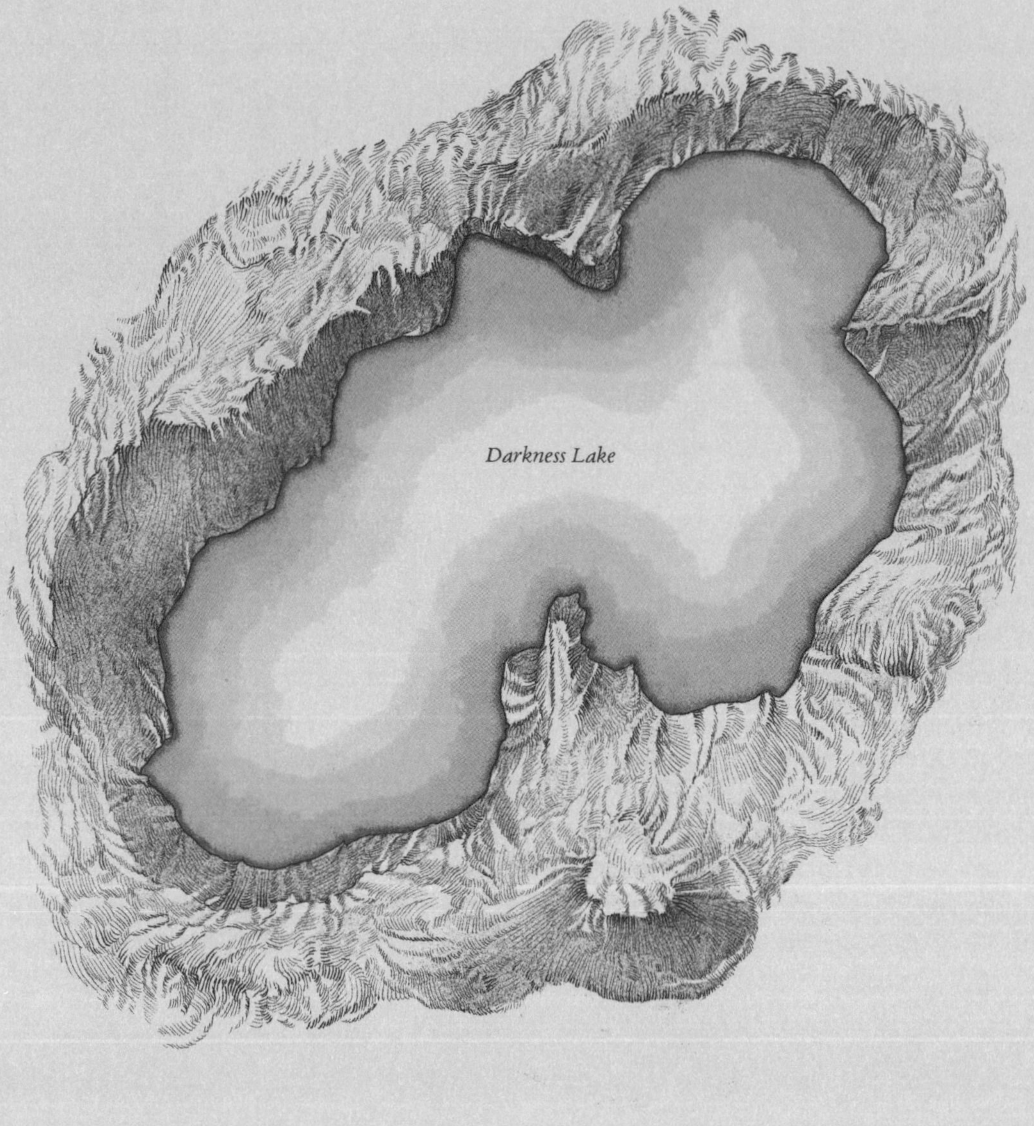

• 50° 13' 55'' N
• 86° 22' 24'' W

Darkness Lake (See der Finsternis), Ontario, Kanada

DIE HISTORISCHEN AUFZEICHNUNGEN schweigen sich beharrlich darüber aus, wie ein kleiner See mitten in der kanadischen Wildnis zu seinem Namen Darkness (Finsternis) kam. Doch wenn man überlegt, wann dieses Gebiet erforscht und kartiert wurde und angesichts der eigenartig anmutenden Namen der Nachbarseen – wie Poverty (Armut) oder Dusk (Dämmerung) –, stößt man auf eine mögliche Erklärung. Die Geschichte beginnt 1816, das als „Jahr ohne Sommer" bekannt wurde.

„Wir wollen alle eine Gespenstergeschichte schreiben", schlug Lord Byron vor, als die fünf miteinander befreundeten Sommergäste abends in einer Schweizer Villa vor einem wärmenden Kaminfeuer saßen. Zwar war es Mitte Juni, doch es hätte ebenso gut Winter sein können. Blitze zuckten über den düsteren Gewitterhimmel, und Regen fiel in biblischem Ausmaß. Wenn der tagelange Regen, selten genug, einmal nachließ und die Gruppe sich hinaus wagte, stand sie in unheimlichem rotem Dunst, der so dicht war, dass kaum Sonnenlicht hindurchdrang. Immerwährende Dämmerung schien zu herrschen.

Es war Mai 1816. George Gordon Lord Byron hatte sich aus England an den Genfer See geflüchtet, um dem Eklat wegen der Trennung von seiner Ehefrau und der Debatte um seine skandalöse Affäre mit seiner Halbschwester zu entkommen. Begleitet wurde er von seinem Freund und Leibarzt John Polidori. In der Villa gegenüber wohnten die 18-jährige Mary Godwin und ihr Geliebter Percy Shelley mit ihrem vier Monate alten Sohn sowie Claire Clairmont, Marys Stiefschwester.

Sie wollten ihre Sommerfrische am Genfer See verbringen, genauer gesagt hatte Claire Clairmont darauf bestanden. Denn sie war nach einem kurzen Techtelmechtel in London von Byron geradezu besessen und außerdem heimlich schwanger von ihm.

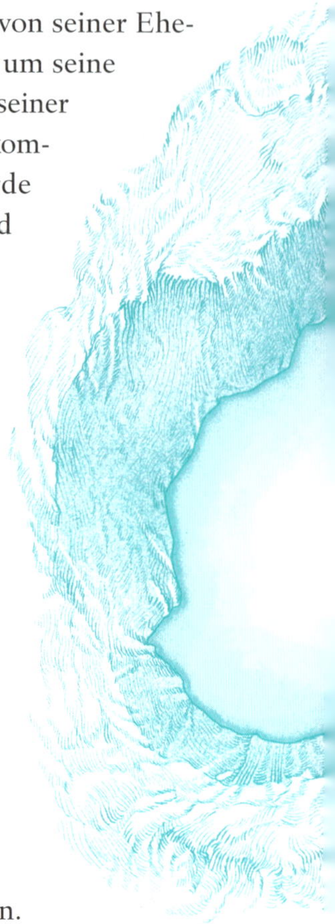

Nun saßen die fünf jungen englischen Bohemiens also häufig zusammen in der von Byron gemieteten Villa Diodati – so unterschiedlich sie waren, passten sie doch gut zusammen.

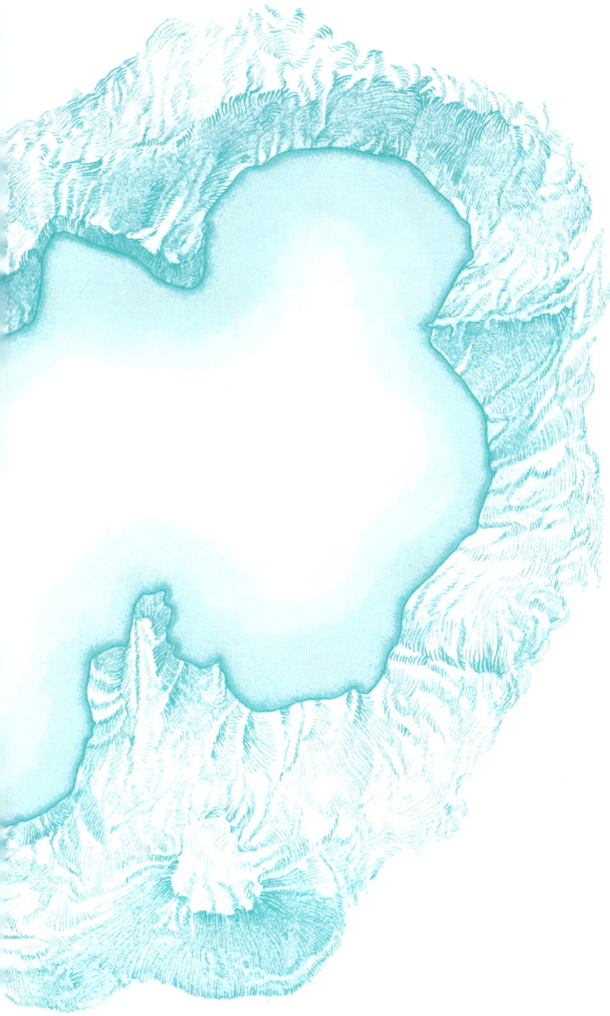

Es hätten wunderbare Ferien werden können, wäre das Wetter nicht so grässlich gewesen. Noch nie seit Menschengedenken hatte es einen derart kalten, düsteren Sommer gegeben. Das Grüppchen ahnte nicht, dass dieses Wetterphänomen ganz Europa und sogar andere Kontinente betraf. In China gingen Bäume, Reispflanzen und Tiere an der eisigen Kälte zugrunde. In Nordamerika fiel Schnee. Und in Kanada froren Seen und Flüsse zu. Starkregen und Frost vernichteten Ernten in Irland, England und auf dem europäischen Festland, Hungersnöte drohten, Aufstände und Plünderungen waren die Folge. Es dauerte über zwei Jahre, bis sich das Wetter wieder normalisierte. Weltweit fielen viele Zehntausende Hunger und Krankheiten zum Opfer.

Da überrascht es nicht, dass zahlreiche Menschen in dem beispiellosen Wettergeschehen ein sicheres Anzeichen für den Weltuntergang sahen. Zudem hatte ein italienischer Astronom aus Bologna, wenn auch eher zufällig, berechnet, dass die Sonne am 18. Juli verglühen und den Planeten damit in ewige Finsternis stürzen würde. Als sich die Kunde davon verbreitete, folgten Unruhen, Selbstmorde und eine massenhafte Hinwendung zu Religion und Erweckungsbewegungen.

Der wahre Grund für die Klimaschwankung, den in Europa jedoch niemand kannte, war ein Vulkanausbruch im Jahr zuvor gewesen, am 5. April 1815. Die Eruption des Tambora im heutigen Indonesien war die zerstörerischste seit Beginn der Aufzeichnungen – bei der gigantischen Explosion wurde ein großer Teil des Berges eingeebnet, und die Detonation war noch 2.600 Kilometer entfernt zu hören. Etwa 10.000 Bewohner der Vulkaninsel verbrannten in den rasch anschwellenden pyroklastischen

Strömen. Bis zu 50 Kubikkilometer Asche und Gestein wurden bei dem Ausbruch aus dem Vulkanschlot geschleudert; Gesteinspartikel schlugen teilweise erst 1.300 Kilometer entfernt auf. Mehr als 60 Millionen Tonnen Schwefeldioxid gelangten in die Atmosphäre. Zwei Tage lang versank alles im Umkreis von 550 Kilometern in völliger Dunkelheit. Die bösartige Wolke aus Asche, Schwefel und Bimssteinpartikeln zog dann langsam um die gesamte Erde; sie brauchte ein Jahr, bis sie Europa erreichte, ein paar Monate später kam sie auch in Nordamerika an.

Ausbruch des Vulkans Tambora 1815 in Indonesien, Radierung.

Für die Sommergäste am Genfer See waren die Auswirkungen der Katastrophe, die sich Tausende Kilometer entfernt abgespielt hatte, jedoch kaum mehr als eine Unannehmlichkeit. Der sonst so glitzernde See spiegelte nun etwas unheimlich die dunklen Gewitterwolken wider. „Ein feuchter, unfreundlicher Sommer fesselte uns viel ans Haus", schrieb Mary Godwin. Sie machten es sich am Kaminfeuer gemütlich, tranken Wein und sprachen bis in die frühen Morgenstunden über Politik und Poesie. Und lasen in den Zeitungen von dem mysteriösen Wetterumschwung und der apokalyptischen Hysterie, die Europa erfasste. „Aus Deutschland erreichen uns zunehmend melancholisch stimmende Nachrichten bezüglich des ungewöhnlichen Wetters, das fast ganz Europa heimsucht", stand in einer französischen Zeitung. „Die exzessiven Regenfluten haben beinahe überall zu Katastrophen geführt."

Doch wie es der Zufall wollte, sollte sich der desaströse Sommer höchst förderlich für die Kreativität erweisen – und die literarische Landschaft für immer verändern. Nachdem Byron eines Abends aus *Fantasmagoriana* vorgelesen hatte, einer Sammlung deutscher Schauergeschichten, schlug er vor, dass jeder von ihnen selbst eine solche schreiben sollte: eine Art freundschaftlicher literarischer Wettbewerb. Ein paar Tage später präsentierte er das Fragment einer Vampirgeschichte. Shelley war über die ersten acht Verszeilen seines *Fragment[s] einer Geistergeschichte* nicht hinausgekommen. Mary fand Inspiration in den fantastischen Bildern eines unheimlichen Halbtraums: „Ich sah mit geschlossenen Augen den bleichen Jünger der schrecklichen Wissenschaft vor dem Dinge knieen, das er geschaffen." Daraus entwickelte sie eine Geschichte, „die das tiefste Entsetzen im Leser hervorrufen, das Blut stocken und das Herz heftiger klopfen lassen sollte", und die in menschenfeindlicher Umgebung aus Eis und Dunkelheit endet: *Frankenstein oder der Moderne Prometheus,* eines der einflussreichsten Werke der modernen Literatur. John Polidori wiederum schrieb mit *Der Vampir* die erste literarische Vampirerzählung, die nach seiner Rückkehr nach England veröffentlicht wurde. Und auch Byron hatte einen Traum, „der nicht ganz Traum war". Sein Gedicht „Finsternis" ist die Vision von einer unheilvollen Zukunft, wie sie die apokalyptischen Propheten überall in Europa verkündeten. Doch sein Thema ist nicht allein das Fehlen des Lichts, Byrons düstere Zeilen schildern den Sturz der Menschheit in einen Abgrund aus Finsternis und den nihilistischen Zustand der menschlichen Seele durch die Abwesenheit der Sonne. In „Finsternis" sehnen sich die Menschen so verzweifelt nach Wärme und Licht, dass sie ihre Häuser, ja ganze Städte niederbrennen. „Und um ihr flammend Obdach sammelten / Die Menschen sich, zu blicken sich noch einmal / Ins Angesicht." Die Dunkelheit, in der „die kalte Erde / Hing schwarz und blind im mondlos trüben Äther", dringt in die Herzen der Menschen ein und raubt ihnen den letzten Rest von Menschlichkeit. „Des Hungers Wut zerfraß die Eingeweide … Der Magre verschlang / Den Magren". Schließlich war die Welt „strauch , menschen , baumlos ohne Jahreszeit / Ein Klumpen Tod … Die Flüsse, Meere, Seen standen still / Nichts regte sich in ihren stummen Tiefen."

Auch zu anderen Werken hat „das Jahr ohne Sommer" Künstler inspiriert, nicht nur in der Literatur. So malte William Turner mehrere seiner unverwechselbaren Landschaftsbilder, auf denen der Himmel scheinbar in Flammen steht. Schubert komponierte die Sinfonie Nr. 4 (die „Tragische") und Beethoven seine melancholische Klaviersonate Nr. 28. Selbst die Erfindung des Fahrrads geht angeblich auf das unwirtliche Wetter zurück. Warum sollte also nicht auch ein Entdecker einige Seen danach benannt haben? Vielleicht spiegelte sich in einem der finstere Sommerhimmel, sodass ihn eine Ahnung von nie endender Finsternis erfasste.

• 63° 0' 0'' N.
• 23° 49' 0'' O

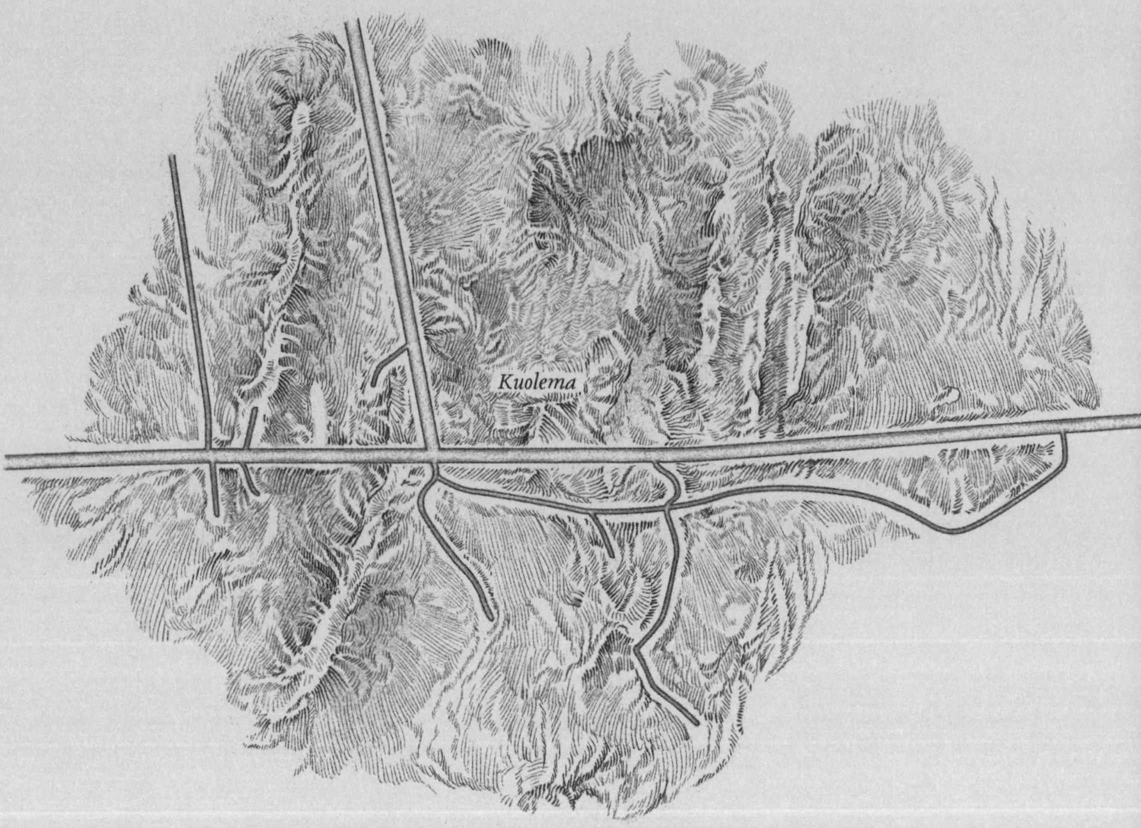

Kuolema (Tod), Finnland

TOD IST EINE Siedlung in Finnland, mitten in der eintönigen Landschaft des nordischen Landes, wo sich hohe Kiefern mit sumpfigen Feldern abwechseln. Das knappe Dutzend niedriger Holzhäuser steht weit auseinander, manche sind dunkelrot, andere arktisch weiß gestrichen. Es gibt keine Bank, keine Kirche, keine Kneipe und keine Bücherei. Ja, nicht einmal einen Friedhof. Eine kerzengerade Straße durchtrennt den Weiler, den man durchfahren kann, ohne es überhaupt zu bemerken. Die schwedische Fotografin Eva Persson hat ein Jahr lang die dortigen Einwohner porträtiert, der Bildband heißt *Elämää kuolemassa – Leben in Tod*. „Nur in Finnland kann ein Dorf ‚Tod' heißen", schreibt Persson. „In Finnland wird man geboren, es folgt eine lange Zeit des Leidens, und dann stirbt man." Um zu verstehen, was auf den ersten Blick grausam oder morbid klingt, muss man wissen, dass die finnische Identität auf Tod und Leiden fußt wie die britische auf Tee mit Scones. Vielleicht liegt es an der einzigartigen geografischen Lage, zwischen osteuropäischem Pessimismus und skandinavischem Trübsinn, dass in Finnland eine ganz spezielle Art von Melancholie entstand. Und ein tiefschwarzer Humor. „Wenn es keinerlei Hoffnung mehr gibt", bemerkte der finnische Filmregisseur Aki Kaurismäki trocken in einem Interview, „gibt es keinen Grund zu Pessimismus."

Perssons Fotoserie dreht sich um das Leben zweier eineiiger Zwillingsschwestern, die den Dorfladen betreiben. In ihrem gemeinsamen Haus auf der Rückseite des Ladens leben sie zusammen mit ihren Ehemännern, die wiederum Brüder sind. Die Fotos aus dem Jahr 2002 könnten ebenso gut 1982 gemacht worden sein. Denn hier werden Vokuhilas und Schnurrbärte ganz unironisch getragen, und die Ende der 1980er-Jahre gestartete amerikanische Seifenoper *Reich und Schön* läuft täglich im Fernsehen. Falls es die Aufgabe des Todes ist, die Welt zu erneuern, indem er sie von Überflüssigem befreit, dann hat er „Tod" links liegen gelassen.

Es gibt mehrere Theorien, wie die Siedlung zu ihrem Namen kam. Einem Gerücht zufolge soll der hiesige Gastwirt 1888 von einem Durchreisenden erschlagen worden sein. Wahrscheinlicher stand ein alter Kinderreim Pate, der eine Ortssage aus Kriegszeiten aufgreift und dem auch die nahen Erhebungen Hungerberg und Himmelsberg ihre Namen verdanken könnten: *Halla, nälka, kuolema; niskat nurin ja taivaaseen* – Nachtfrost, Hunger, Tod; Hals umgedreht und in den Himmel.

Einst war der Tod in der finnischen Kultur eingebettet in ein vielschichtiges Gewebe aus Ritualen und Mythologie, einer Kompilation aus alten Gesängen. So glaubten die Finnen, die Seele des Menschen sei ein Verbund aus drei eigenständigen Seelen: *Henki, Luonto* und *Itse.*

Auch lebten sie in ständiger Angst davor, dass die Toten aus ihren Gräbern steigen und sie heimzusuchen könnten, entweder als Geister oder, noch beunruhigender, als wilde Tiere. Um diese Angst zu beschwichtigen und unliebsame Begegnungen zu vermeiden, aber auch, damit die Seele des Verstorbenen ihren rechtmäßigen Platz in der Unterwelt einnehmen konnte, wurden bei einem Todesfall aufwendige Rituale durchgeführt. So galt es als Unglück, wenn ein Mensch starb, ohne dass einer seiner Angehörigen Zeuge war. Außerdem wurde der Leichnam sofort gewaschen, es sei denn, die Person hatte Selbstmord begangen. In diesem Fall begrub man die Leiche ungewaschen und auf dem Bauch liegend in der Kleidung, die der Tote zuletzt getragen hatte. Am besten, wenn auch nicht zwingend erforderlich, sollte ein Verstorbener noch vor Sonnenuntergang beerdigt werden. Sein Holzsarg wurde zugenagelt und in einer Prozession zum Begräbnisplatz getragen, wobei man unterwegs kurz am Haus des Toten hielt, damit er es ein letztes Mal „sehen" konnte. In einem Wald vor dem Friedhof machte der Trauerzug ein zweites Mal Halt, um für den Verstorbenen einen Baum, genannt *karsikko,* abzuästen. All diese Rituale mit ihrer metaphysischen Bedeutung errichteten einen unsichtbaren Wall zwischen der Welt der Lebenden und dem Reich der Toten. Da man annahm, dass die Verstorbenen gelegentlich vergaßen, dass sie tot waren, und deshalb nach Hause zurückkehren wollten, diente der *karsikko,* manchmal mit Inschriften in einem Astloch, neben dem Gedenken an den Verstorbenen auch als höfliche Mahnung an ihn, doch bitte wieder in die Unterwelt zu gehen, wo er jetzt hingehörte.

Im alten Finnland war der Tod das Ende einer Reise, aber zugleich auch der Beginn einer neuen. Bei dieser langen und einsamen Wanderung durch eine unbekannte Landschaft lockte stets

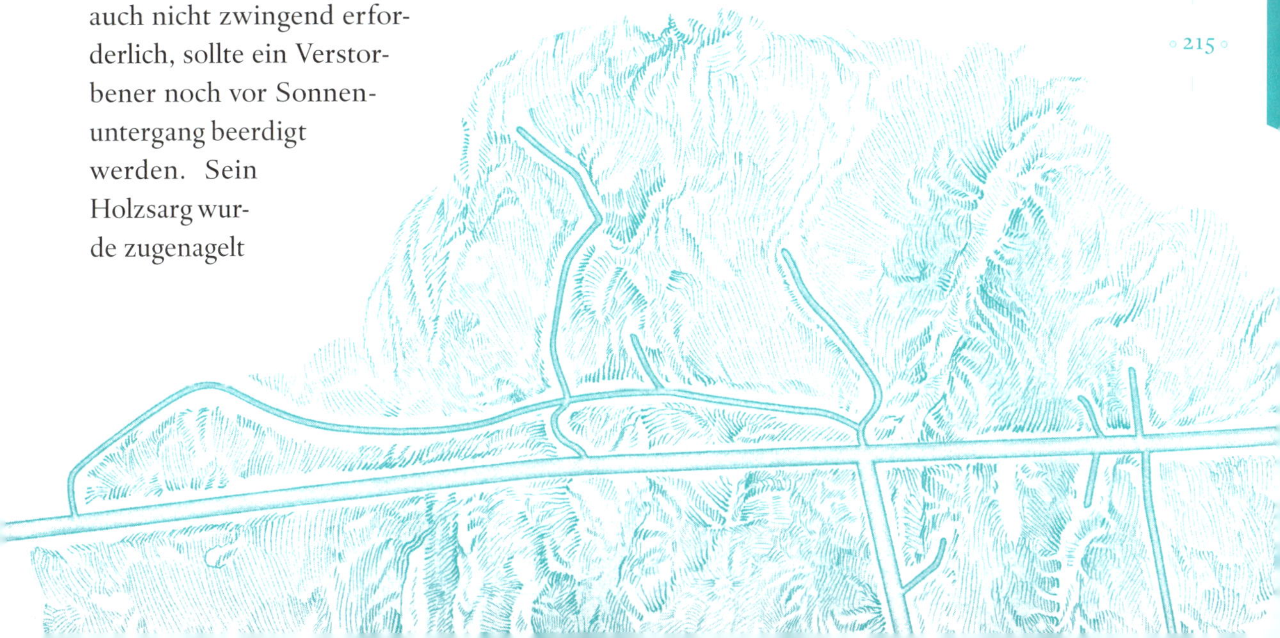

Akseli Gallen-Kallela, *Lemminkäinens Mutter*, 1897. Lemminkäinen wurde getötet, zerstückelt und in den Fluss geworfen. Seine Mutter sammelte die Gliedmaßen ihres Sohnes aus dem Wasser, fügte sie zusammen und erweckte ihn wieder zum Leben.
Finnische Nationalgallerie.

die Versuchung, ins Land der Lebenden zurückzukehren. In den ersten sechs Wochen nach dem Tod, bis zum ersten Erinnerungsfest, durfte man den Namen des Verstorbenen daher nicht aussprechen, damit er kein Heimweh bekam und sich beim Gang ins Jenseits leicht von der Welt der Lebenden löste. Nach sechs und nach zwölf Monaten folgte je ein weiteres Erinnerungsfest, um den Toten phasenweise zu verabschieden; später kannte man im bereits kirchlich geprägten Westfinnland auch ein Trauerjahr für die Witwe. Beim dritten Fest wurde gefeiert, dass der Tote inzwischen seinen Platz in *Tuonela*, der Unterwelt auf der anderen Seite eines dunklen Flusses, gefunden hatte. *Tuonela* galt als trostloser Ort, aber selbst dort waren die Toten nie völlig von den Lebenden abgeschnitten und besuchten sie mitunter als „Seelenvögel". Ein Schamane wiederum, durch Rituale und Tänze in Trance versetzt, konnte – oft in Gestalt eines Helfertiers – heimlich nach *Tuonela* reisen und mit den dortigen Seelen in Kontakt treten, ihnen Botschaften überbringen oder um Rat bitten. Wobei der Schamane ständig in Gefahr war, selbst zu sterben; es hieß dann, die Wächter der Unterwelt hätten ihn gefangen genommen.

Moderne Gesellschaften versuchen den Tod zu verbergen und aus dem Alltag herauszuhalten. Ironischerweise ist dies trotz des Ortsnamens auch in Kuolema der Fall. So sind die wenigen Konnotationen zum Tod in Perssons Fotografien klischeebehaftet: ein Mann mit Gewehr; tote Füchse im Schnee. Hier ist nichts mehr von den alten Glaubensvorstellungen und Ritualen zu spüren, die einst den Übergang vom Leben zum Tod und die Reise ins Jenseits begleiteten. Der Tod tritt nur noch in Form der Entfremdung eines Volkes von seiner Vergangenheit in Erscheinung: als Tod einer alten Kultur.

Aber diese Entfremdung ist nicht absolut. In der finnischen Sprache stammen Begriffe für Tod und Melancholie aus der Entstehungszeit mythologischer Gesänge und verweisen so auf uralte finnische Bräuche, Rituale und Glaubensvorstellungen. Man begegnet ihnen in Geschichten und Liedern, Gedichten und Parabeln, aber auch in Ortsnamen; selbst in den Filmen von Aki Kaurismäki und im finnischen Tango. Wie ein roter Faden ziehen sich diese Bräuche durch Vergangenheit und Gegenwart und verbinden ganz zart die Welt der Lebenden mit dem Reich der Toten.

Australien und Neuseeland

TRAGEDY POOL (TRAGÖDIENTÜMPEL)
Western Australia, Australien

ROAD TO NOWHERE (STRASSE NACH NIRGENDWO)
Tasmanien, Australien

MELANCHOLY WATERHOLE (MELANCHOLIE-WASSERLOCH)
Queensland, Australien

MOUNT HOPELESS (BERG DER VERLORENEN HOFFNUNG)
South Australia, Australien

MAMUNGKUKUMPURANGKUNTJUNYA (WO DER TEUFEL URINIERT)
South Australia, Australien

DISAPPOINTMENT ISLAND (INSEL DER ENTTÄUSCHUNG)
Aucklandinseln, Neuseeland

MOUNT DISAPPOINTMENT (BERG DER ENTTÄUSCHUNG)
Victoria, Australien

MURDERING BEACH ROAD (MÖRDERISCHE STRANDSTRASSE)
Otago, Neuseeland

DISAPPOINTMENT COVE (BUCHT DER ENTTÄUSCHUNG)
Southland, Neuseeland

NOWHERE ELSE (NIRGENDWO SONST)
Tasmanien, Australien

USELESS LOOP (NUTZLOSES LOCH)
Western Australia, Australien

SUICIDE BAY (SELBSTMORDBUCHT)
Tasmanien, Australien

CAPE GRIM (KAP TROSTLOS)
Tasmanien, Australien

DEATH ROAD (TODESSTRASSE)
New South Wales, Australien

DOUBTFUL ISLAND (ZWEIFELHAFTE INSEL)
Southland, Neuseeland

Kanada

USELESS ISLANDS (NUTZLOSE INSELN)
Southland, Neuseeland

GLOOMY LAKE (DÜSTERER SEE)
Ontario, Kanada

LITTLE HOPE ISLAND (WENIG-HOFFNUNG-EILAND)
Nova Scotia, Kanada

DEATH LAKE (TODESSEE)
Ontario, Kanada

SORROW ISLANDS (KUMMERINSELN)
British Columbia, Kanada

DEAD DOG ISLAND (TOTER-HUND-INSEL)
Ontario, Kanada

UNFORTUNATE COVE (GLÜCKLOSE BUCHT)
Neufundland, Kanada

PAIN LAKE (SCHMERZENSSEE)
Ontario, Kanada

LAKE TORMENT (SEE DER QUAL)
Nova Scotia, Kanada

REPULSE BAY (BUCHT DER ZURÜCKWEISUNG)
Nunavut, Kanada

MISTAKE ISLAND (FEHLERINSEL)
British Columbia, Kanada

DEVASTATION ISLAND (INSEL DER VERWÜSTUNG)
British Columbia, Kanada

LONELY ISLAND (EINSAME INSEL)
Ontario, Kanada

ROAD TO NOWHERE (STRASSE NACH NIRGENDWO)
Nunavut, Kanada

GRUMPY LANE (MÜRRISCHE GASSE)
Nova Scotia, Kanada

MURDER ISLAND (MORDINSEL)
Nova Scotia, Kanada

KILLER LAKE (KILLERSEE)
Ontario, Kanada

MASSACRE ISLAND (MASSAKERINSEL)
Ontario, Kanada

NOWHERE ISLAND (NIRGENDWO-INSEL)
Ontario, Kanada

SOLITUDE ISLAND (INSEL DER EINSAMKEIT)
Ontario, Kanada

FORLORN LAKE (TROSTLOSER SEE)
Ontario, Kanada

FUTILE LAKE (NUTZLOSER SEE)
Ontario, Kanada

POINTLESS MOUNTAIN (SINNLOSER BERG)
British Columbia, Kanada

Großbritannien und Irland

FAIL (SCHEITERN)
Schottland

PITY ME (HAB' MITLEID MIT MIR)
Durham, England

WORLD'S END (ENDE DER WELT)
Enfield, England

MELANCHOLY LANE (MELANCHOLIEGASSE)
Wareham, England

ALL ALONE (GANZ ALLEIN)
Bradford, England

KILL
Irland

LABOUR IN VAIN ROAD (VERGEBLICHE-MÜHE-STRASSE)
Stansted, England

Vereinigte Staaten

LITTLE HOPE (WENIG HOFFNUNG)
Wisconsin, USA

DEPRESSION POND (TEICH DER DEPRESSION)
New York, USA

GRAVE LAKE (GRABESSEE)
Wyoming, USA

BROKEN DREAMS DRIVE (ZERPLATZTE-TRÄUME-STRASSE)
Arizona, USA

ROAD TO MISERY (STRASSE INS ELEND)
Maine, USA

ACCIDENT (UNFALL)
Maryland, USA

DEAD WOMAN POND (TOTE-FRAU-TEICH)
Texas, USA

EMPTINESS DRIVE (STRASSE DER LEERE)
Texas, USA

LOVELESS LAKE (LIEBLOSER SEE)
Wisconsin, USA

HAUNTED LAKE (SPUKSEE)
New Hampshire, USA

ABANDONED (VERLASSEN)
New York, USA

FAILURE CANYON (CANYON DES SCHEITERNS)
Utah, USA

CRYING CHILD ISLAND (WEINENDES-KIND-INSEL)
Florida, USA

DUBIOUS RESERVOIR (DUBIOSER WASSERSPEICHER)
Oregon, USA

SAD LAKE (TRAURIGER SEE)
Oregon, USA

CRYING LADY ROCK (WEINENDE-FRAU-FELSEN)
Washington, USA

SHADES OF DEATH ROAD (SCHATTEN-DES-TODES-STRASSE)
New Jersey, USA

MISTAKE ISLAND (FEHLERINSEL)
Minnesota, USA

LAKE OF NO RETURN (SEE OHNE WIEDERKEHR)
Arkansas, USA

DESPERATION LAKE (SEE DER VERZWEIFLUNG)
Alaska, USA

DEFEATED (BESIEGT)
Tennessee, USA

GRIEF ISLAND (KUMMERINSEL)
Alaska, USA

LOST BOYS LANE (VERLORENE-JUNGEN-GASSE)
Florida, USA

MISERABLE LAKE (JÄMMERLICHER SEE)
Illinois, USA

LONELYVILLE (EINSAME STADT)
New York, USA

CALAMITY LAKE (UNGLÜCKSSEE)
Minnesota, USA

SUICIDE BRIDGE (SELBSTMORDBRÜCKE)
Maryland, USA

SUICIDE LAKE (SELBSTMORDSEE)
Wyoming, USA

DEAD WOMAN'S CROSSING (KREUZUNG DER TOTEN FRAU)
Oklahoma, USA

HOPELESS PASS (HOFFNUNGSLOSER PASS)
California, USA

HOPELESS WAY (HOFFNUNGSLOSER WEG)
Nevada, USA

MOUNT DESPAIR (BERG DER VERZWEIFLUNG)
Montana, USA

TERROR LAKE (TERRORSEE)
Alaska, USA

DEAD WOMAN POND (TOTE-FRAU-TEICH)
Texas, USA

STARVATION HEIGHTS (VERHUNGER-HÖHEN)
Oregon, USA

DEAD WOMAN CREEK (TOTE-FRAU-BACH)
Oklahoma, USA

NASTY POND (FIESER TEICH)
Oregon, USA

NAMELESS (NAMENLOS)
Tennessee, USA

MOUNT TERROR (TERRORBERG)
Montana, USA

CAPE DISAPPOINTMENT (KAP DER ENTTÄUSCHUNG)
Washington, USA

LONESOME ROAD / LONELY STREET (EINSAME STRASSE)
North Carolina, USA

TERMINATION POINT (ENDPUNKT)
Washington, USA

DESPERATE LANE (VERZWEIFELTE GASSE)
North Carolina, USA

HELL FOR CERTAIN ROAD (SICHER-IN-DIE-HÖLLE-STRASSE)
Kentucky, USA

UNCERTAIN (UNGEWISS)
Texas, USA

BROKEN HEART LANE (GEBROCHENE-HERZEN-GASSE)
Texas, USA

PURGATORY POND (FEGEFEUER-TEICH)
New Hampshire, USA

LONESOME LAKE (EINSAMER SEE)
New Hampshire, USA

NOTHING (NICHTS)
Arizona, USA

POINT NO POINT (PUNKT KEIN-PUNKT)
Washington, USA

SAD ROAD (TRAURIGE STRASSE)
Kentucky, USA

POVERTY ISLAND (ARMUTSINSEL)
Michigan, USA

MISERY BAY(ELENDSBUCHT)
Michigan, USA

DESPAIR ISLAND (VERZWEIFLUNGSINSEL)
Rhode Island, USA

CRAZY WOMAN CREEK (VERRÜCKTE-FRAU-BACH)
Wyoming, USA

HEARTACHE ROAD (KUMMERSTRASSE)
Montana, USA

SLAUGHTER BEACH (ABSCHLACHTSTRAND)
Delaware, USA

DOOM TOWN (STADT DES UNTERGANGS)
Nevada, USA

BUCKET OF BLOOD STREET (BLUTEIMERSTRASSE)
Arizona, USA

DISAPPOINTMENT LAKE (SEE DER ENTTÄUSCHUNG)
Idaho, USA

WHY ME LORD LANE (GOTT-WARUM-ICH-GASSE)
South Carolina, USA

NIGHTMARE LAKE (ALBTRAUMSEE)
Montana, USA

MISERABLE ISLAND (ELENDE INSEL)
Illinois, USA

TERRIBLE MOUNTAIN (SCHRECKLICHER BERG)
Vermont, USA

BROKEN ISLAND (ZERBROCHENE INSEL)
Washington, USA

SPITEFUL GEYSER (BOSHAFTER GEYSIR)
Wyoming, USA

HATEFUL HILL (HASSERFÜLLTER HÜGEL)
Vermont, USA

WORTHLESS ROAD (WERTLOSE STRASSE)
Kalifornien, USA

DISAPPOINTMENT (ENTTÄUSCHUNG)
Washington, USA

DISAPPOINTMENT MOUNTAIN (BERG DER ENTTÄUSCHUNG)
Minnesota, USA

DISAPPOINTMENT ROAD (STRASSE DER ENTTÄUSCHUNG)
Kentucky, USA

CAMP SUICIDE ROAD (CAMP-SELBSTMORD-STRASSE)
Michigan, USA

DISENCHANTMENT BAY (ERNÜCHTERUNGSBUCHT)
Alaska, USA

DEPRESSED LAKE (DEPRIMIERTER SEE)
Kalifornien, USA

Andere Länder

DECEPTION ISLAND (INSEL DER TÄUSCHUNG)
Antarktis

SUFFERING STREET (LEIDENSSTRASSE)
Tunesien

SUFFERING LANE (LEIDENSGASSE)
Bermudas

GRANDMOTHER'S HOLE BEACH (GROSSMUTTERS-LOCH-STRAND)
Indien

ISLA CAJA DE MUERTOS (SARGINSEL)
Puerto Rico

TUŽNO (TRAURIG)
Kroatien

FEMMINAMORTA (TOTE FRAU)
Italien

PUERTA DEL DIABLO (TEUFELSTÜR)
El Salvador

BAHÍA INÚTIL (NUTZLOSE BUCHT)
Chile

PURGATÓRIO (FEGEFEUER)
Portugal

ANGÚSTIAS (ANGST)
Portugal

CAP MALHEUREUX (UNGLÜCKLICHES KAP)
Mauritius

ULTRAMORT (ULTRATOD)
Spanien

LARGO DOS AFLITOS (PLATZ DER BETRÜBTEN)
Brasilien

PASKALAMPI (SCHEISSESEE)
Finnland

KUOLEMA (TOD)
Finnland

KOTZEN
Deutschland

DIVORCE BEACH (SCHEIDUNGSSTRAND)
Mexiko

SADNESS STREET (STRASSE DER TRAURIGKEIT)
Tunesien

HOPELESS BOULEVARD (HOFFNUNGSLOSER BOULEVARD)
Tunesien

PUERTO DEL HAMBRE/PORT FAMINE (HUNGERHAFEN)
Chile

ENSAMHETEN (DIE EINSAMKEIT)
Schweden

ESTRADA DAS LÁGRIMAS (STRASSE DER TRÄNEN)
Brasilien

FINSTERWALDE
Deutschland

LEIDENSWEG
Deutschland

LEIDENSBERG
Deutschland

DÜSTERSTRASSE
Deutschland

ANGSTWEG
Deutschland

SORGENWEG
Deutschland

DÜSTERSEE
Deutschland

ELEND
Deutschland

SORGE
Deutschland

AGONY ISLAND (AGONIE-INSEL)
Marshall-Inseln

UGLY (HÄSSLICH)
Indien

Damien Rudd

Damien Rudd (1984) ist ein in Sydney, Australien, geborener Künstler und Schriftsteller. Sein Studium zum Master in Fine Art schloss er an der Kunsthøgskolen Bergen in Norwegen ab. Derzeit lebt er in Amsterdam, Niederlande, wo er an einer Studie zu Aby Warburgs *Bilderatlas Mnemosyne* arbeitet. Die Sammlung der melancholischen Orte, auf der dieses Buch beruht, ist zu finden unter instagram.com/sadtopographies.

Kateryna Didyk

Die Illustratorin und Druckgrafikerin Kateryna Didyk, geboren 1990 in Vinnytsia in der Ukraine, hat sich auf Radierung, Monotypie, Aquarellmalerei und digitale Kunst spezialisiert. 2017 schloss Kateryna ihr Studium an der Nationalen Akademie der Bildenden Künste und Architektur in Kiew mit einem Master für Druckgrafik und Buchillustration ab. Gegenwärtig lebt und arbeitet sie in Kiew.

katedidyk.com

Danksagung

Ich möchte all den Menschen danken, die dieses Buch möglich gemacht haben. Danke, Kate, für die unzähligen Stunden, die du damit verbrachtest, die Karten von Hand zu zeichnen. Dank an Simon Johnson für seine exzellenten Recherchen und seinen Input als Lektor. An Randy Rosenthal für seinen scharfen redaktionellen Blick. Mein Dank geht auch an Justin Falk, Maria Martens, Jay Blair und Tashina Blom für ihre Zeit und ihr wertvolles Feedback. Zutiefst zu Dank verpflichtet bin ich meinen Agentinnen Heather Karpas von ICM Partners in New York und Rebecca Ritchie von Curtis Brown in London. Dank an Nicola Crossley und Iain MacGregor bei Simon & Schuster. Ich danke all denen, die die Entwürfe dieses Buchs gelesen haben, für ihre Ratschläge. Mal bin ich ihnen gefolgt, mal nicht. Und schließlich danke ich Lieke de Jong für ihre großzügige Unterstützung während der gesamten Zeit, in der ich dieses Buch schrieb.

750
700
650
600
550
500
450
400
350
300
250
200